日本金融衰退

制度转型失败背景下金融监管体系的崩溃

☆

JAPAN'S FINANCIAL SLUMP

Collapse of the Monitoring System under Institutional and Transition Failures

[日] 铃木康◎著

赵永辉 邱永辉 黄博睿◎译

经济管理出版社

ECONOMY & MANAGEMENT PUBLISHING HOUSE

北京市版权局著作权合同登记：图字：01-2019-0714 号

图书在版编目（CIP）数据

日本金融衰退——制度转型失败背景下金融监管体系的崩溃/(日) 铃木康著；邱永辉，黄博睿，赵永辉译. —北京：经济管理出版社，2017.2

ISBN 978-7-5096-5084-4

Ⅰ.①日…　Ⅱ.①铃…　②邱…　③黄…　④赵…　Ⅲ.①金融监管体系—研究—日本

Ⅳ.①F833.131

中国版本图书馆 CIP 数据核字（2017）第 092974 号

组稿编辑：申桂萍

责任编辑：侯春霞　高　娅

责任印制：司东翔

责任校对：董杉珊

出版发行：经济管理出版社
　　　　　（北京市海淀区北蜂窝 8 号中雅大厦 11 层　100038）

网　　址：www. E-mp. com. cn

电　　话：(010) 51915602

印　　刷：三河市延风印装有限公司

经　　销：新华书店

开　　本：720mm×1000mm/16

印　　张：14.25

字　　数：190 千字

版　　次：2019 年 9 月第 1 版　　2019 年 9 月第 1 次印刷

书　　号：ISBN 978-7-5096-5084-4

定　　价：68.00 元

前　言

　　本书主要从制度视角论述了金融体系如何有效发挥其监控和监管职能，这也是本书的研究基础。本书提出的新的假设有助于解释为什么日本在 2010 年前后会出现银行和金融监管机构深陷于"转型失败"的泥沼，这是一个值得研究的独特现象。

　　本书的研究分析表明，鉴于诸多复杂因素，日本的金融体系想要顺利地转型为英美式的金融体系，几乎是不可能的。尤其是，在英美金融体系中，个体和家庭投资者会更愿意去承担隐含在创新型公司投资领域中的风险和不确定性，然而这种能承担高风险的投资群体在日本是不存在的。因此，要建立起一个能够更加适合日本创新型经济的金融体制机制，需要制度的分析和实践的检验。目前，日本的金融市场包括刚刚起步的直接融资市场和占据主流地位的间接融资市场。鉴于此，我们需要充分认识到发展优化多元化金融市场的重要性，而不能高度依赖间接融资。但是，就目前日本整个金融市场的情况来看，一个由银行来主导的高效的间接融资市场对日本整体金融体系的运转发挥着至关重要的作用。所以，日本的银行在加快自身发展的同时，也要对公司进行有效的监控。因为，银行对公司的长期贷款可能隐含的风险，难以通过高度程式化以及算术化的监管模型反映出来，这些风险的大量集聚就有可能引致金融运行体系的崩溃，最终将展开不得已而为之的金融改革。

　　本书还认为，由主银行（lead bank）牵头并开展的传统的金融监管体系已经面临着诸多困难，甚至到了难以为继的地步。但是，我们也认为主银行和监管机构也进行了通力合作，尤其是通过它们赖以发展的关系网络，开发出了一种新的对风险和不确定性的分类方法和监管模型。该改革的尝试是建立在日本现有金融体系的优势基础上展开的，不是试图进行颠覆性的改革，这样就更可能取得改革的成功，并且从理论上讲，这也与凯恩斯以及后凯恩斯主义关于高风险领域不确定性的非量化分析的逻辑更加契合。本书并没有提出一个对现有金融体系的替代方案，因为要想建立一个更加高效的金融体系，需要经过长期的试错才能不断地优化改进。然而，我们也得出了政策结论，即目前日本的金融改革试验的方向并不是朝着构建最具效率的金融体系的目标推进的。

本书还对日本金融长期衰退的正统解释进行了挑战，并认为导致日本银行监控体系失效的因素是错综复杂的。首先，日本金融体系出现结构性失败的一个重要因素就是，日本银行难以对宏观经济环境中出现的不确定性做出快速反应，导致这一困境的主要原因是，20世纪80年代，日本经济正由赶超型经济向引领型经济转型，在此背景下日本金融体系试图快速融入国际金融体系，并由此导致了一系列预想不到的变化，从而使金融运行出现了大量的不确定性。其次，日本金融体系所出现的适应性问题（adaptation problem），事实上是由于在向英美金融体系以及巴塞尔金融体系的转型过程中缺乏规划所致。在日本特殊的金融背景下，日本所试图建立的新金融体系并没有向日本的债务人说明，在新的国际金融体系下，他们如何来管理与日俱增的不确定性。最后，我们认为，现有金融体系中的信任崩塌也可以解释日本金融体系为什么陷入"转型失败"的泥沼而不能自拔。转型失败还阻碍了金融监管体系对金融市场中的明显缺陷做出快速反应。我们认为，这些问题都源自现有的金融体系与新引入的英美金融体系间的冲突。换句话说，所试图建立的混合型金融体系与原有的主银行金融体系相比，亦存在着严重的缺陷。事实上，在诸多国家占据主流地位的英美金融体系是经过长时间演变发展的结果，不是一蹴而就的。

目　录

第一章
绪　论

第一节
关于日本金融监管体系的基本问题

在 20 世纪 80 年代，日本的金融体系，尤其是银行体系的庞大程度在全世界也是首屈一指的。从银行贷款资产的规模来看，全球前十大银行中，有九家都是日本银行，这其中就包括日本长期信贷银行。在这一时期，日本银行不断地向全球范围进行大肆扩张，据统计，日本银行的贷款规模占到了全球银行贷款规模的 34%，其中一个重要原因就是日元不断走强。时至今日，已经完全是另一番景象了。与 20 世纪 80 年代的经济繁盛景象相比，目前以银行为主导的金融体系正在陷入巨大的衰退之中而不能自拔。1998 年 10 月，日本长期信贷银行实施了破产。此时，除三菱日联金融集团（Mitsubishi UFJ Financial Group）①之外，日本银行在全球前十大银行的排名中已经没有了踪影，并且它们的信用评级也出现了大幅下降。

那么是什么原因导致财富出现如此大幅的缩水呢？其中一个原因就

是，在经济泡沫破裂之后，日本银行持有的大量不良贷款（non-performing loan）变成了经济发展的包袱。直到 2005 年前后，日本还处于这个恶性循环之中，巨量的银行不良贷款不但拖累着经济的复苏，还严重阻碍着经济的增长。同时，经济增长的长期停滞，反过来又会使银行的不良贷款越积越多。从根本上讲，要使金融市场充分地发挥作用，债权人和投资者就应该建立一套科学合理的审查和监控机制，至少该机制要能够遏制不良贷款的快速增长。在一个正常的金融市场中，市场中的个人和企业对资金的需求量通常会大于供给量。从债权人和债务人信息不对称的角度来看，要有效地配置这些稀缺的资金资源，债权人在对项目进行投资之前，就应该展开必要的事前（ex ante）监控、事中（ongoing）对资金使用情况的监控以及事后（ex post）对投资收益的确认。从某种程度上来看，债权人和债务人都面临着不确定性（所以很多投资活动开展之前的事前风险很难通过程式化的投资模型进行量化评估）。因此，在此种情况下，债权人对投资活动的事中监控就显得格外重要，以此来实施对投资者的保护。

日本银行所持有的不良信贷资产的大量累积预示着传统的金融监控系统存在着诸多问题，并不能有效地发挥作用。大多数人认为，传统的主银行监控体系提供了一个具有"保护性"的制度安排，那么这就给日本的银行一个安全的错觉，使它们认为银行是不会破产倒闭的。这反过来也导致了严重的道德风险，因为银行一直都认为政府最终会为它们的不良资产担保（IMF，2000；Patrick，1998；Saito，1998；Harada，1999；Takeda，2001；Hoshi 和 Kashyap，2001；Ikeo，2006）。一部分人也认为，之所以会出现这样的问题，主要原因是日本的传统监控体系向英美式监控体系转变的过程过于缓慢，英美式监控体系的主要特征表现为放松金融管制，如从 20 世纪 80 年代中期开始，美国就开始放松了对金融的监管（IMF，2000；内阁府，2001；Kanaya 和 Woo，2000；Chan-Lau，2001；Miyoda，1994）。然而，本书却不认同上述观点。①正如上述所言，本书认为，道德风险只是日本银行体系中一个相对较小的问题而已，因为该体系本身也具有有效的监控形式。然而，之所以出现金融危机，主要是日本金融体系中之前放大了的结构性和制度性问题，导致了不确定性的急剧累积所致。②针对上述问题，本书认为，向英美式以及巴塞尔监控体系的转型本身就缺乏科学合理的计划，这进一步加剧了日本漫长的金融衰退。为进一步佐证这些观点，本书从设计角度分析了一个成功有效的监控模型变革所需要匹配怎样的制度体系，以及日本金融体系的制度变革将如何开展。这里所指的监控模型是指银行作为债权人（或者投资人）所采用的信用风险的审查和监控方法，以及金融主管政府部门作为监管者所采用的监控和监管方法。自从日本经济硬着陆之后，银行监控模式转型过程中的制度失败是造成日本金融长期停滞和衰退的根源所在。

因此，笔者撰写此书的目的就是来回答如下问题：

（1）为什么日本传统的监控模式在经济高速增长的时候如此高效，而在经济不景气的时候却如此毫无效率可言呢？在日本经济高速增长期间，传统监控模式中什么样的制度特征是有效的？在经济不景气的时候，什么样的制度设计却又阻碍了原有监控体系效率的发挥呢？以及我们如何理解制度设计与监控成本之间的关系呢？

（2）假如日本存在巨大的外部压力促使其从传统的高成本监控模式向英美监控模式转变，那么其转型成功的概率有多大？向英美式以及巴塞尔系统的转型需要怎样的制度设计以及发展基础与之相匹配？日本是否具备这样的转型基础？

第二节
日本的经济发展状况

日本金融的长期衰退与传统监控模式中的制约审查和监控活动有关，所以要想充分分析制约审查和监控活动有效发挥的影响因素，需要将日本经济的结构性变革划分为如下几个阶段：

（1）经济赶超阶段。这一阶段可以追溯至 20 世纪 70 年代中期，此时日本经济正处于高速增长时期。

（2）中速增长阶段。该阶段从 20 世纪 70 年代中期至日本经济硬着陆。这一时期，日本的许多工业企业发展已经达到了国际领先水平。到这一时期末，从科技发展角度来看，日本已经成为当之无愧的科技强国。

（3）漫长的经济和金融衰退时期。这一时期从经济泡沫破灭并出现金融衰退开始，一直到现在。

在经济赶超阶段，日本经济发展以赶超美国为主要目标，以实施吸收、消化、提高科技水平为核心的商业模式，为日本经济的高速增长做出了不可磨灭的贡献。1974 年发生的石油危机标志着该阶段的终结。在后续的创新型经济阶段，日本很多企业开始接近或者达到国际技术水准，并且将企业的市场范围扩展至全球。大量的实证研究表明，在 20 世纪 70 年代中期之后，日本企业开始进行大规模的国际化以及实施技术变革（Aoki 等，1994；Schaberg，1998；Patrick，1998；Kanaya 和 Woo，2000；Hoshi 和 Kashyap，2001）。本书还认为，20 世纪 80 年代中期，日本企业国际化水平和科技水平大幅提升。从日本整体经济来看，在第三产业中创新型经济比重也在呈现大幅提升的趋势。所以，我们有理由相信，日本经济发展模式在 1975 年左右就开始向创新型经济方向发展。这一阶段直到 1991 年金融泡沫破灭后，宏观经济形势不断恶化的情况下才终结。因此，我们可以将 1992 年作为日本经济长期停滞和金融衰退阶段的起始之年。表 1.1 显示了日本每个阶段的实际平均经济增长率情况。

表 1.1　日本实际平均 GDP 增长率（以不变价格计算）

1966~1974[a]	1975~1991[a]	1992~2008[b]
8.82% p.a.	4.05% p.a.	1.20% p.a.

注：a 基准年份 = 1990 年，b 基准年份 = 2000 年。
资料来源：日本内阁府统计处[a] 以及 ESRI（2008）[b]。

本书认为，在经济从赶超经济向创新型经济转变的过程中，正是由于经济内在结构性以及外在宏观经济环境的变化，导致了日本银行所采用的监控模型的变化。在日本银行监控模式的变化过程中，我们还找出了许多结构性失败以及转型失败的因素，这些因素就成为后续日本长期的金融大衰退的根源。结构性失败是指新的监控体系难以达到有效的监控效率水平；转型失败是指新的监控制度的变革节奏和方向经过一段时间的推进，没有达到更好的监控效果（Khan，1995）。

表 1.2 显示了在日本经济发展的三个阶段，其三次产业结构比例的变动情况。从统计数据中可以看出，随着时间的推移，第一产业和第二产业的比重在下降，而第三产业的比重在上升。

表 1.2　三次产业占 GDP 比重的变动趋势（以不变价格计算）

单位：%

产业部门	1966~1974[a]	1975~1991[a]	1992~2008[b]
第一产业	7.5	3.8	1.8
第二产业	40.7	36.7	28.5
制造业	33.5	27.9	21.3
第三产业	51.8	59.5	69.6

注：a 基准年份 = 1990 年，a 基准年份 = 2000 年。
资料来源：日本内阁府统计处[a] 以及 ESRI（2008）[b]。

从图 1.1 可以看出，近年来日本经济一直处于停滞状态，甚至部分年份出现负增长。其中一个重要因素就是，金融资源调配中出现了结构性失败，然而这也是造成经济长期处于衰退的重要原因（内阁府，2001，2008；Hoshi 和 Kashyap，2001；Ikeo，2006；Tsuru，2006）。自 20 世纪 90 年代中期，日本政府就开始推行积极的货币增产，增大货币发行量。尽管如此，私人银行的放贷额度还是处于下降趋势。针对中小企业（SME）[②] 的贷款下降的幅度更大，从 1998 年 12 月的 344.9 万亿日元大幅下降到 2003 年 12 月的 260.3 万亿日元，到 2009 年 12 月，又下降到了 253.1 万亿日元（见图 1.2）。显而易见，日本银行对中小企业信贷风险的评估是非常保守的。日本中小企业协会（2009）对 1.9 万家中小企业进行了问卷调查，在被调查的企业中不包括资本金低于 2000 万日元，且未被日本银行全国短期经济调查纳入调查对象的企业，该调查得出的相关数据显示，中小企业商业环境的扩散指数（Diffusion Index，DI）从 2006 年第一季度到 2009 年第一季度，出现连续 12 个季度持续下跌的态势。其中，自从 1994 年调查指标修正以来，在 2008 年第四季度商业环境的扩散指数跌到低点，直到 2009 年第一季度又创造了新低。

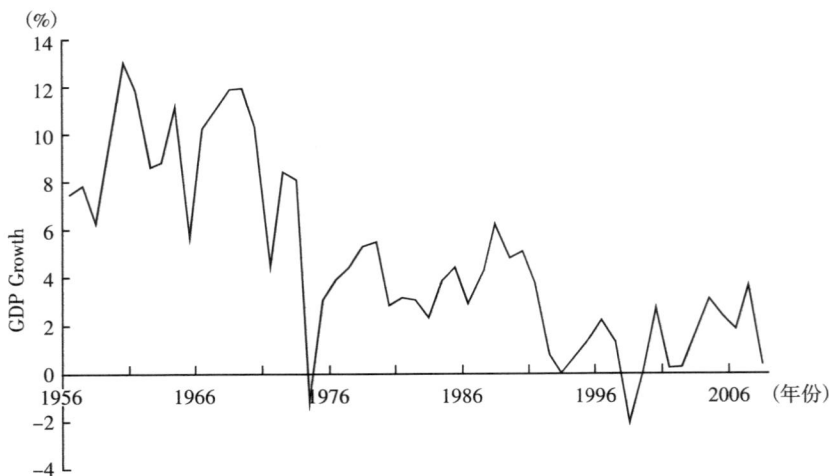

图 1.1　日本 GDP 增长趋势（以不变价格计算）

注：1991 年之前的基准年份为 1990 年，1992 年之后的基准年份为 2000 年。

资料来源：日本内阁府统计处以及 ESRI（2008）。

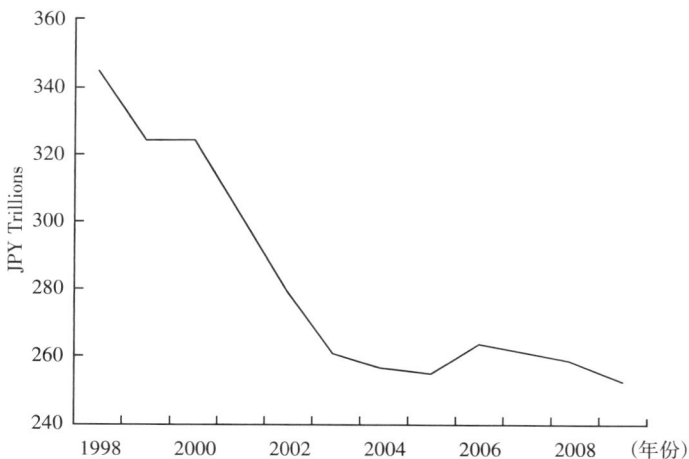

图1.2　对中小企业的不良贷款变动趋势
资料来源：日本中小企业协会（2005，2008）。

　　本书也对日本为什么会出现长期的金融衰退而不能自拔进行了分析讨论。社会上存在这样一种观点[③]，认为日本财政部作为监管者应该对经济泡沫的破灭以及长期信贷银行的破产负主要责任。然而本书却不认同这个观点，主要原因如下：该观点并没能解释政策失误怎么会持续如此长的时间，尤其是，为什么监管者要如此激进地调整金融政策，将原有金融体系加速转变为英美监管体系，这样会使本已经困难重重的银行机构雪上加霜。此外，为什么监管者允许在金融业占据如此重要地位且在金融系统中发挥"准内部人"作用的长期信贷银行破产？

　　针对以上重要的政策问题，本书也试图展开分析讨论。在金融危机爆发后，日本几乎全面放松了金融管制。因此，这就使政府对日本银行的救助计划应达到的效果大打折扣，并且还使日本走出长期经济停滞困境的努力化为乌有。如果将英美金融监管体系生搬硬套地复制过来存在困难的话，或者至少要实现顺利转型还是存在障碍的话，那么推翻日本现有的金融监管体系是否合理？如果推翻现有的监控体系不合理也不现实，那么日本是否能够寻找一个更有效的替代监控方案？在传统的监控体系中，借贷银行作为企业的准内部人，深度参与了企业的日常运营以及金融监管体系的运作。因此，现有的金融监管体系是建立在监管者与银行机构之间形成的高度密集的信息网络基础之上的，事实证明，这样的制度安排有助于日本在"二战"后经济快速增长过程中金融资源的有效配置。既然如此，日本为什么还实行现有的监控体系，却又没有找到一个更优的替代体系呢？

第三节
分析框架

首先，本书通过借鉴后凯恩斯经济学派的研究逻辑，亦将研究的重点聚焦于"不确定性"（Keynes，1936，1937；Knight，1921；Davis，1995；Dymski，1993；Kindleberger，2000；Minsky，1975，1977，1984；Shackle，1957；Simon，1983，1996）。在这种情况下，监控主体（作为放贷人的银行以及作为监管者的政府）开展的一系列监控活动也是处于不确定性以及有限理性的前提之下的。那么，这就意味着监控活动不是机械的，而是需要高度依赖专业判断，但事实上要做到这一点是非常困难的。在学术研究上，不确定性的影响往往被显著低估。

其次，本书还认为，有效的审查和监控活动需要以规行事，也就是说，需要完善的制度机制来对经济行为进行有效的约束。比如，仅仅通过银行租金创造或者资本充足率缴存等手段，要达到有效监控的目标显得无能为力。然而，这些监控手段要真正发挥一些作用，还是需要视每个金融体系的制度机制设计是否优化而定。以上分析借鉴了 Masahiko Aoki（Aoki，1994，2001；Aoki 等，1994）、Masahiro Okuno-Fujiwara（Okuno-Fujiwara，1997，2002）、Joseph Stiglitz（Stiglitz，1988，1994；Stiglitz 和 Weiss，1981，1992；Hellmann、Murdock 和 Stiglitz，1997；Stiglitz 和 Greenwald，2003）等的研究，同时还借鉴了 Ronald Dore（Dore，1998，2000）关于日本与美国金融体系的对比研究，Mushtaq Khan 关于不同质地以及政治环境下租金效果的分析等（Khan，1995，1999，2000a，2000b）。

最后，本书还借鉴了新制度经济学派以及交易成本经济学派的理论研究成果（Alchian 和 Demsetz，1972；Aoki，2001；Arrow，1974；North，1981，1990，2005；Knight，1992；Williamson，1985），并且将这些研究成果应用于日本银行监控体系变革的分析研究之中。尤其是，本书的研究不仅聚焦正式的制度（formal institution），同时还注重对非正式制度的研究（informal institution）。虽然本不应该高度关注文化因素的影响力，但是本书却认为，在日本传统的关联经济体系（related based economic system）中，相互信任对降低交易成本发挥着重要作用。这些信任的培养和保持的方式途径，受日本文化和社会规范影响很大。虽然难以对这些非正式的、无形的制度进行量化，但是信任程度的不同，关联经济的绩效也会出现显著的差异。

第四节
研究结论

本书非常重视以债务人的监控模型变革为核心的制度变革在日本金融体系中的作用，以及两者在日本 20 世纪 90 年代以来长期金融衰退中的关系。

（1）本书认为，自 20 世纪 80 年代以来，日本银行在面对日益不确定的经济环境时出现了结构性失败。这与 20 世纪 80 年代以来日本银行的快速国际化、放松金融管制以及技术变革有着密切的关系。反过来，这也使日本传统的金融监管体系变得越来越缺乏效率。

在吸收借鉴 Aoki、Okuno-Fujiwara 等提出的护航系统（convoy system）

的基础上，要解释上述现象，我们就需要对日本传统监控体系与英美监控体系的不同特征展开深入分析。在传统的监控体系中，非正式的制度安排有助于解决债权人面临的各种不确定性，那么下面我们将重点对传统监控体系的关键特征进行分析。这些关键特征主要包括：①非模型化的监控体系，在该体系中，主银行在借款公司的管理和运营中充当准内部人的角色；②贷款银行的角色就是使金融资源能够配置到新兴产业，并通过各种监控技术来稳定借贷银行的信心；③在监管者与被监管者之间形成密集的信心网络，从而有助于降低银行面临的不确定性。

在技术尚不太发达，日本经济正处赶超的时期，日本银行审查和监控程序的关键内容就是借款企业的管理能力以及该企业引进、消化、吸收、提升国外先进工程技术的能力。在该阶段，对新兴技术本身的商业和技术价值的衡量和评估并不被重视。在这种情况下，贷款银行对借款企业是否有信心主要依赖于：一方面，借款企业是否能够努力学习并使用现有技术；另一方面，借款企业是否具有推脱责任的主观故意。贷款银行做出这些判断，涉及一系列不同类型的不确定性，这些不确定性比押注一项创新项目能否成功还要大。在该阶段，主银行作为借款企业经营管理的准内部人，可以使其得到更多关于企业经营管理的信息，那么在资金使用过程中，借款企业要想逃避责任是非常困难的。

然而，一旦日本进入了创新型经济阶段，该时期日本产业的技术已经达到了国际水平，企业的市场已经扩张到了世界各地，那么它们的经营和投资将会面临着更多的、与日俱增的不确定性。随着越来越多的银行贷款投入到高新技术的研发之中，企业和银行都面临着凯恩斯学派以及后凯恩斯学派所提到的根本的不确定性（fundamental uncertainty）。尽管银行作为借款企业的准内部人深度介入企业的经营管理，并掌握企业经营的大量信息，克服企业具体经营业务中的不确定性，但是这样的安排却不能使银行明显降低来自企业外部经济环境中的不确定性。在经济赶超阶段，大多数不确定性主要是借款企业逃避债务以及企业自身管理能力不足而导致的。但是，在创新型经济阶段，银行面临的不确定性更多来自新技术和新产品的研发创新，这种不确定性更难以克服。鉴于此，本书认为，简单地沿用传统的监控模式，日本是不能克服转型过程中的挑战和危机的，而在目前转型过程中，回归传统监控模式更行不通。

（2）然而，我们还认为，如果在向英美监控体系以及巴塞尔体系（我们称该监控体系为程式化监控体系，因为其运行基础是将信用风险进行量化以及采用保持距离方式（arm's length approach）来确保充足的资本金以应对信用风险损失造成的不时之需）转型中，没有精心规划设计的方案，将会使日本银行业在转型过程中面临的问题进一步复杂化，使其雪上加霜。在银行贷款面临更大的产业风险以及日本银行在宏观经济下采用特殊方式进行金融资源调配的情况下，采用程式化的监控模型就容易使我们忽略一个重要问题，即现实情况的复杂性已经超出了程式化模型运用的范畴，那么在此情况下贷款银行如何进行风险管理呢？

当创新型经济给日本银行业带来越来越大的不确定性时，日本传统的以关系网络为基础的银行系统受到了打击，这时日本银行系统就开始谋求向英美式以及巴塞尔监控体系转型。虽然向英美监控系统的转型好像是在经济泡沫破灭之后才开始加速的，但事实上，早在经济危机之前就已经开始了。1994年，日本解除了对存款利率上限的管制，1998年又启动了全面的金融自由化。然而，就是在这样的背景下，1998年日本长期信贷银行进行了破产清算，并且直到2005年左右日本的主要大银行一直都遭受着巨量不良贷款带来的危害。显然，放松金融管制不能有效激活日本的金融体系。

英美式的金融监管体系不能在日本生根发芽的根本原因在于日本独特的金融结构。日本居民家庭作为日本银行系统最大的资金来源，其投资组合的显示偏好（revealed preference）表明，在20世纪90年代，日本居民仍然属于风险规避型的投资者（从投资结构来看，日本居民家庭比美国持有更多的低风险资产），因此，实体经济对金融资源的需求仍然高度依赖银行体系充当媒介。针对这种情况，日本银行需要将这些居民持有的低风险储蓄转变为对实体经济的长期贷款。然而，在《巴塞尔协议》框架下，日本银行既要保障短期贷款质量，同时也要保障长期贷款的发放。在放松金融管制的情况下，仅仅这些要求就使日本银行传统职能的发挥变得非常困难。因为在目前日本金融体制及金融结构下，日本银行将风险规避型的储蓄转化为对工业企业的长期信贷这一传统角色不能抛弃。从另一角度来看，这也意味着日本银行的管理者在没有任何基础的前提下，应该尽快调整自己，使自身管理能够与证券化金融体系的管理要求相适应，努力培育一个能够接受多元化投资组合风险的庞大的个人投资群体。因此，在日本金融体系中，大量的投资者都选择持有货币或储蓄的话，很少人会去投资股票、股权、证券。如果传统的商业银行不能扮演好新的角色，那么这些新兴的金融产品则是培育创新型企业所不可或缺的。在没有大量爱好风险的投资者的情况下，日本向英美金融体系的转型会面临内生的结构性矛盾，这对于解决日益恶化的金融衰退以及传统银行体系面对风险时的无能为力等问题都至关重要。

《巴塞尔协议》要求银行的资本充足率至少要达到 8%，这样做的目的是通过限制将全部投资都投向风险资产，进而保障银行的偿债能力。然而，这些要求却没有触及日本金融体系所面临的结构性问题，也就是说，日本银行在面对大量的风险规避型的个体投资者时，必须承担起大部分的风险和不确定性。如果日本金融领域的改革不触及这个结构性问题，那么就不会有大量的金融资源从储蓄者向投资者转移。

（3）本书还研究了日本监控体系的变革将会对银行运营产生什么样的影响，是否还会导致类似于 1997~1998 年的金融危机。本书将日本长期信贷银行作为研究案例，分析了已破产倒闭的长期信贷银行的经济和金融绩效。

在日本传统的以"租金"为基础以及以"关系"为基础的金融体系中，银行在消化吸收风险和不确定性方面发挥着缓冲器的作用，而个人储蓄者却不愿意这样做。在处于经济赶超阶段时，该体系也能很好地发挥作用，主要是银行对借款企业的经营管理的深度参与可以大大降低不确定性，从而可以确保银行拥有充足的储蓄资源来支付储蓄者的期望收益率。此外，之所以日本能够提供给工业企业大量低成本的贷款，主要是"二战"后日本经济得到了长足发展。然而，在创新型经济中，工业企业借款的偿债能力面临着越来越多的不确定性，长远看，持续提供低成本贷款是不可持续的。在经济过热时期出现的资产价格泡沫以及随后泡沫的破灭等一系列问题，都与长期提供低成本贷款有关，并且随着大量银行陷入困境，该问题将更加严重。在这些陷入困境的银行中，就包括长期信贷银行，因为此时它们已经没有任何能力去弥补已发生的巨额亏损。虽然长期信贷银行的倒闭是一个个案，但是该事件却揭示出了日本金融危机的一般特征。

（4）本书提出的一些观点也为研究日本金融体系的转型失败提供了一些新的视角和思路。"转型失败"一词，也可以从两个方面来理解。一方面，转型失败是由于放弃现有制度安排的成本（包括政治成本）非常高造成的。因此，尽管新的制度安排会非常有效，但推进的过程中也会阻力重重（注意，此处所讲的更为有效的制度安排的特征在于其自身能够化解不确定性）。另一方面，转型失败尽管可能是由于转型成本过高，转型可能获得的潜在收益远远小于付出的成本，但也可能是对新的制度安排的推进缺乏周密部署造成的。因此，我们认为，对于日本金融监管体系这一转型失败的案例，我们可以甄别出究竟是成本因素还是缺乏规划方案导致的。

（5）本书还指出了在日本传统的银行监控体系中信任的本质特征，以及这种信任关系是如何培育并保持下去的。

在传统的监控体系中，信任在贷款银行与借款企业之间以及银行与政府监管者之间发挥着重要作用。作为贷款人的银行与作为借款的企业之间形成的信任关系是根植于现有的金融体系之中的，并且呈现出几个重要特征。首先，银行作为借款企业经营管理的准内部人（quasi-insider）（尤其是主银行），有助于银行更深入地了解企业的偿债能力，从而提高对借款企业的信心。正是基于这种信心，双方之间进行着大量的借贷交易，从而逐步形成对借款企业更加长期稳固的信任。那么这样一来，借款企业在企业经营管理中也不会懈怠，更不会采取机会主义行动来对抗贷款银行。一旦形成了这样稳固的信任关系，那么银行就不需要对企业的日常经营进行实时、事事监控。其次，建立在长期合作基础上的信任，还有助于暂时遇到困难的企业获得银行的金融支持，这其中包括提供长期稳定的信贷额度，以保障企业投资资金需要以及流动资金的短期周转。在这种情况下，社会文化因素在对信任关系的形成中发挥着重要作用，在这种合作关系中，如果一方没能满足另一方的要求，那么长期稳固的合作关系以及他们的声誉就会受到损害，因此也会严重影响他们与其他企业或银行的合作机会。

信任的另一层含义是指在护航式监控体系中政府监管者与银行之间的信任关系。这种信任是建立在有效的保护与惩罚机制基础之上的。笔者对这种信任关系的理解主要来源于笔者拥有曾经作为一位银行的内部管理者的经历，以及对相关专业人士的访谈和查阅文献。政府监管者与银行间的信任关系主要体现为：在监管者制定或者修订相关金融政策的过程中，银行也是作为内部人的角色参与其中的，银行在参与过程中逐步建立起了与监管者之间的信任关系。银行与监管者间的密切关系也就意味着，一旦银行运营出了问题，马上就可以通过非公开渠道将问题传送至监管者，这样既可以确保监管者第一时间采取措施，同时也可以避免公众的恐慌。因此，在这种情形下，银行尤其是主银行，就代替监管者担负起了对借款企业长期监控的角色，在这个过程中任何的疏漏或失败都有可能使监管者丧失对主银行的信任。反过来，我们也可以这样理解，出现错误的银行可能会受到减少相机性租金（rent opportunity）*的惩罚。从银行自身来讲，它们要服从监管机构的领导，而从银行业的角度来看，它们更希望监管机构是仁慈的，尤其是在它们处于难以预料的困境中时。

当日本经济从赶超型经济向创新型经济转型的时候，这种信任关系就开始破裂了。在创新型经济中，凯恩斯学派指出的根本的不确定性（fundamental uncertainty）将变得非常突出，并且主银行与借款企业之间的"相互信任"也难以产生令双方满意的结果。相反，这种信任关系还有可能使银行暴露于高度风险之中。此外，建立在社会文化规则基础上的信任关系使银行在处理处于困境中的企业贷款问题时，难以通过司法途径对企业进行破产清算来实施债权保全。因此，正是在这样的背景下，本书提出了一个解释日本金融危机的新视角，即解释了为什么向以制度为基础的英美监控系统转型会导致 1998 年日本的金融危机，并且还使危机进一步加重，导致了日本长期信贷银行的破产以及日本金融的大衰退。

（6）考虑到至今还没有将英美金融监管体系引入日本的成功案例，本书提供了在金融和公司领域中制度转型评估的备选方案。本书的结论有：一是鉴于日本独特的金融结构，在一个直接融资和间接融资并存的混合金融体系中，有充分的理由出台相关政策去支持推广直接监控与间接监控相结合的金融监管体系；二是随着经济环境的不断变化，如何确保混合金融体系能够快速变化来适应环境，这是政策制定者面临的重大挑战。

---

* （译者注）相机性租金是指一种以经济绩效为发放标准的特殊的租金，在东亚经济中广泛运用并成效显著。政府通过设立相机性租金来干预经济的本质就是采用市场与政府相结合的方式来弥补市场失灵，同时防止了政府失灵。

第五节
本书内容概要

第二章对监控活动的相关理论和观点进行了梳理总结（包括监控的重要性、监控的动机、金融监管体系的监管目标以及监控中面临的有限理性和不确定性）。同时，还构建了概念分析工具作为本书的主要分析方法，并在此基础上提出了本书的理论研究框架。第三章通过与英美金融监管体系的对比分析，从监控活动的视角考察了日本传统金融监管体系的特征。本书还阐述了日本传统的金融监管体系如何通过设计来确保两个监控体系之间的有效平衡。其中一个在日本独特的金融结构中发挥着金融市场稳定的作用，另一个扮演着良好的金融媒介角色。上述提及的相关制度特征既包括正式的制度，同时也包括非正式的、无形的制度。

在充分借鉴新制度经济学和交易费用经济学主要观点的基础上，第四章阐释了 20 世纪 80 年代日本宏观经济环境的变化如何影响传统金融监管体系的效率以及以"关系"为基础的审查和监控方法体系的持续应用。正是在这一时期，向英美以及巴塞尔金融监管体系的转型正式开始了，但是我们却认为正是这一转型的启动使日本金融体系存在的结构失败问题更加棘手。同时，本书还阐释了日本金融监管体系赖以生存的经济环境的变化如何影响日本银行的经济绩效并最终导致 1997~1998 年的金融危机？第五章对长期信贷银行倒闭进行了案例分析，进一步阐释了本书观点。

第六章对 1997~1998 年金融危机的政治和经济现状进行了分析，同时对日本监管者始终没能实现成功转型以及由此导致日本金融体系所面临的关键问题得不到解决的原因进行了分析。第七章试图为解决"转型失败"问题找出答案。本章通过吸取新制度经济学关于"信任"和"机会主义"

的论断，从"强化的不确定性"（intensified uncertainty）视角对该问题进行了分析。第八章给出了本书的结论，同时还总结了日本长期陷入金融停滞状态的教训。

第二章
监管活动的理论框架和基础分析

第一节
引　言

日本金融体系的研究文献已有大量关于其特殊制度特征的论述，但是很少有文献深入研究日本金融体系制度变迁的深层次原因，尤其是试图改变日本金融体系监管框架的金融改革却使日本经济陷入了衰退。在金融体系中，监管活动的框架主要包括：①贷款银行通过收集借款人以及潜在借款人的相关信息，对借款人实施信用风险监控的一种机制；②作为监管者的政府金融机构通过收集银行以及投资的相关信息，对各类金融机构实施监督和监管的一种机制，在此基础上制定监管规则，并通过相关惩罚措施保障这些规则的贯彻执行（见图2.1）。

本章回顾了金融监控活动效率及其制度设计方面的相关理论研究及论述，试图对不同的理论和论述提出批判性的评述。本章第二节主要回顾了上文①中所提到的相关理论，第三节主要回顾了上文②中所提到的相关理

```
┌─────────────────────────┐                    ┌──────────────────┐
│ 贷款银行和作为投资者的  │ ══════════════▶   │   借款企业       │
│ 金融中介机构            │    （1）监控       │                  │
└─────────────────────────┘                    └──────────────────┘
        ▲
        │（2）监管              ┌──────────────────────────┐
        │                      │ 监控者性质               │
        │                      │ 信用监控中的羊群行为     │
┌───────┴──────────────────────┴──────────────────────────┐
│ 政府金融监管机构                                         │
│ 监管目标：①确保金融稳定；②保障并提升金融的中介作用    │
└──────────────────────────────────────────────────────────┘
```

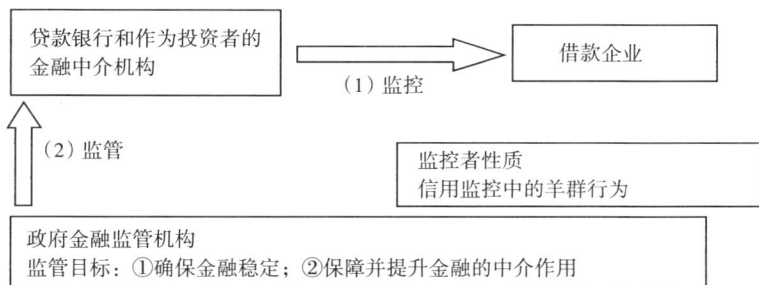

图 2.1　金融监管体系

论。当然，由于银行作为金融机构不可避免地会参与到监控与被监控两种活动中，所以在论述过程中难免会有一些重复。

在经济学研究文献中，"监控"一词通常是指"检查或监管"（Aoki，1994，p.111）。在本书中，我们则重点研究金融体系中存在的监控活动。这些活动主要包括：①事前（ex ante）的监控活动，该类活动主要发生于对融资项目的监控以及对特定借款人信用的评估；②事中（interim）监控活动；③事后（ex post）的监控活动，该类监控活动主要是确保贷出的资金要用在指定用途上。这些监控活动还包括定期对项目进度以及状态进行检查，同时还需要对借款人的财务状况以及相关的合同义务情况进行检查。事中与事后的监控活动包括当借款人预计不能履行借款合同到期还款义务时，贷款银行应该采取相应的法律程序终止合同执行，并进行追偿。[①]对于不同的资本主义国家而言，对金融体系运行的监控方式差异也很大。正如 Aoki（1994）在研究中指出的那样，从跨行业监管以及产品生命周期或企业生命周期的角度来看，依托专业的技术以及资源整合来积累经验方法，从而实现对借款公司的监控是可行的。在资本主义经济体中，金融体系已经出现了大量的以公司风险监控为主业的专业金融中介机构。英美金融监控体系以高度分权式的监控为主要特征，在该分权监控体系中，事前、事中以及事后三阶段的监控活动分别由三类高度专业化的金融中介机构来承担，如投资银行、风险资本公司以及评级公司。因此，这类分权型的监控体系与日本传统的以主银行为核心的监控体系有着根本的区别。在日本传统监控体系最为"鼎盛"的时期，事前、事中以及事后三阶段的监控是高度一体化的，并且全部由发放贷款的主银行来承担。

以上的分析就引出了一个非常重要的问题，即贷款银行自身应该由谁来监控呢？在本书中，我们努力来研究该问题，并试图给出一个合理的解决方案。我们对该问题的研究主要从以下方面展开：金融体系的制度设计，贷款银行付诸监控活动所能得到的回报和激励，并且回报和激励对它们能够承担（额外）信用风险的影响。鉴于此，监管者的监管制度设计以及其监管能力就变得非常重要，这也显示了图 2.1 中两种监控活动间的互动关系。因此，我们还需要分析政府监管机构的监管活动，因为该类活动深度参与了日本传统监控体系的制度设计，并且随着时间推移监管要求也发生了重大变化，这就要求监管者像银行监控体系一样适应新变化。

此外，我们还面临一个问题：制度是如何变迁的？本书通过吸收新制度经济学以及交易成本经济学的理论研究框架对此问题展开了分析。第四节主要对制度变迁的理论文献进行了综述。制度理论认为，制度失败主要是由高额的交易成本所致，当且仅当转变为另外一种能够使交易成本降低的制度体系，那么制度失败才可能避免。该节还对"信任"以及"机会主义"等概念进行了综述，在新制度经济学的分析框架中，常常将其作为决定并影响交易成本的变量对待。

第二节
监管活动的相关理论：贷款人和投资者的审查和监控活动

贷款者和投资人展开的有效的审查和监控措施对金融市场功能的发挥

扮演着重要作用。该观点在已有的文献中已经达成了高度共识。在大多数的金融市场中，个人和企业申请的资金通常会大于其自身需求。因此，稀缺资金的有效配置机制需要建立起来。要建立这一机制需要对备选项目进行事前的监控评估、事中对资金使用情况进行监控以及事后对融资项目的财务回报进行审验，同时还需对借款人行为的适当性进行评估，以此来判断借款人的行为是否有助于维护贷款人的利益。即使是在可贷资金非常充裕的情况下，对借款人的监控同样非常重要，因为一旦贷款人出现监控失败的情况，借贷双方间的信息不对称就会加剧，因此贷款人将会遭受巨大损失，并会打破资金的最优配置安排。针对上述情况，标准的新古典一般均衡理论却没有将贷款人的监控活动考虑进去，这是令人十分惊讶的。尽管一般均衡模型备受批评，但随着信息经济学的不断发展，该模型也在不断地调整优化。我们首先回顾了简化了的阿罗—德布鲁一般均衡模型，在该模型中公共部门（政府监管者）并没有被考虑进去，因此也没有作为变量引入该模型，以保持模型的简单性。[②]

一、阿罗—德布鲁一般均衡模型

在该模型中，金融资源的最终供给者是家庭部门（household sector）。这是因为企业部门（corprate sector）挣得的利润和价值的增值通常以工资、股利等形式转移到家庭部门。家庭部门获得的收入的一部分用于消费，那么剩余部分转化为储蓄（S）。另外，企业部门被认为是金融资源的最大消费者。通常情况下，企业需要进行各种投资（I）以实现利润最大化的目标。要落实这些投资项目，企业就需要融资并获得金融资源来支撑投资项目落地。从宏观经济运行角度以及事后分析的视角来看，正是家庭部门的储蓄支撑了企业部门的投资。

企业部门的融资（即家庭部门的储蓄资金向企业部门投资的流动）来源主要有两种：一是直接融资，通过资本市场和证券市场，家庭部门购买企业发行的股票或者公司债券来实现资金的融通；二是间接融资，银行作为金融媒介，将家庭部门的资金以存款的形式汇集于银行，形成储蓄存款，然后银行再将这些储蓄存款转化为对企业部门的银行贷款。直接融资和间接融资的根本区别在于借款企业信用风险承担主体的不同。在间接融资中，银行承担并吸纳借款企业的信用风险，即使借款企业破产，企业的违约也不会对家庭储蓄存款产生直接影响。然而，在直接融资中，发行股票和债券的企业信用风险将会直接由购买者以及证券的持有者承担，尽管这些证券是通过证券经纪公司以及投资银行在资本市场及证券市场代销的也是如此。例如，当证券发行人破产，家庭证券持有者将会遭受损失。

日本内阁府（2002）对间接融资的定义是，金融机构通过在企业和家庭之间扮演金融媒介功能，将家庭存款汇集起来形成储蓄并以贷款形式借给企业，在整个过程中金融机构能够将借款企业的违约风险消化掉，而不会使家庭产生损失的一种融资体系。日本内阁府还对直接融资进行了定义，即包括家庭部门在内的最终投资者，在资本市场和证券市场上购买企业发行的证券（票据、股票、公司债券、商业票据等），并直接承担证券违约风险的一种融资体系。那么，在整个金融体系中，如何平衡直接融资和间接融资之间的关系呢？然而，要回答这个问题，一般均衡模型面临着其自身存在的严重局限性。虽然标准的一般均衡模型假设监控成本为零（事实上是交易成本为零），但是这一点却不能解释银行作为金融中介机构存在的真正原因。

图 2.2 给出了阿罗—德布鲁简单一般均衡模型中经济人（economic agent）的金融决策。每一类经济人通过不同的下标字母来表示，即 f 代表企业部门，h 代表家庭部门，b 代表银行。上标"+"代表供给，上标"−"代表需求。此外，D 代表存款，L 代表贷款，B 代表债券（证券）。

（1）家庭部门的储蓄（S）或者投资于证券 B_h 或者投资于银行存款 D^+。

（2）企业的投资或者通过在资本市场发行证券融资 B_f，或者通过银行贷款融资 L⁻。

（3）银行通过提供贷款 L⁺来满足企业的资金需求。银行反过来通过资本市场和证券市场 B_h（银行作为一种特殊企业也可以在资本市场发行股票或者企业债券）来募集资金，或者通过家庭部门的存款来募集 D⁻。

（4）在证券市场中，企业的资金需求 B_f 和银行的资金需求 B_b 应该与家庭部门的资金供给 B_h 保持平衡。

在该模型中，参与各方的行为都是独立的，每一个市场都处于出清状态。

I = S （产品市场）

D⁺ = D⁻ （储蓄市场）

L⁺ = L⁻ （信贷市场）

$B_h = B_f + B_b$ （证券和资本市场）

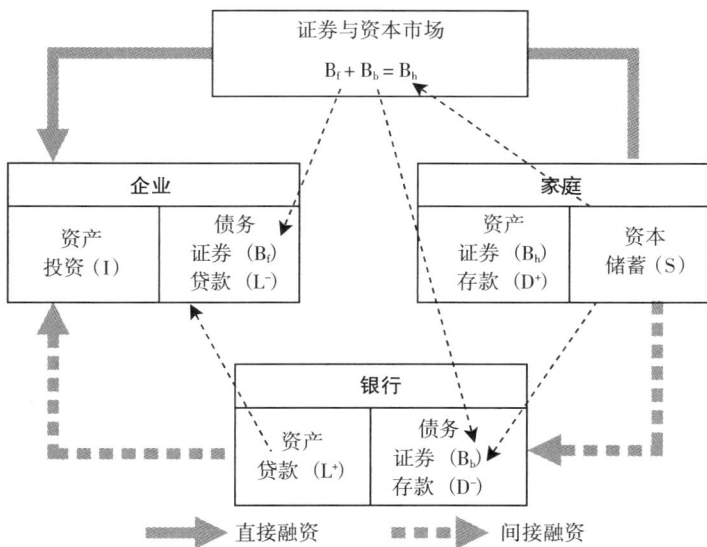

图 2.2 直接融资和间接融资的一般均衡模型

资料来源：Frixas 和 Rochet（1997，p.9）。

当监控成本为零时，唯一可能的一般均衡就是所有风险调整的利率都是相等的。在一个市场化的经济中，风险几乎是无处不在的，而只有当监控成本很高时，道德风险问题才可能出现。因此，家庭投资者不论是直接投资还是间接投资、有无监控成本，他们面临的风险是一样的。在上述简化的研究框架中，假定证券的票面利率 r 和家庭存款利率 r_D 是可以完全替代的。如果其中一个利率高于另外一个利率，那么家庭部门就会选择高利率的投资产品，而对低利率的投资产品产生挤出效应。因此，两者利率应该是相等的，即 $r = r_D$。另外，假定证券市场的融资成本率 r 与企业的银行贷款利率 r_L 是可以完全替代的，那么，两者利率也应该是相等的，即 $r = r_L$。综上，一般均衡状态可以用该利率向量来表示，即 $(r，r_L，r_D)$。因此，只有当所有利率全部相等时，即 $r = r_D = r_L$，唯一可能的均衡状态才能实现。

显然，上述一般均衡状态在现实中是不存在的。特别是在理想的均衡状态下，银行的利润只能为零。如果银行不能获得利润，那么银行也就没有动力去发挥好金融媒介的功能，因此银行也就没有存在的理由了。也就是说，如果企业和家庭都能没有限制地参与到完全竞争的金融市场中去，那么在竞争均衡（competitive equilibrium）状态下，银行能够赚取的利润为零。也就是说，阿罗—德布鲁一般均衡研究范式说明了银行是多余的，没有必要存在。然而在现实中，由于每个借款人从事的业务不一样，那么他们的信用风险也就各异。因此，投资者会需要发生大量的信息收集成本以及对借款人的审查和监控成本。然而，这些成本对于个人投资者来说是难以承受的，而且个人还缺乏对中小企业信用风险评估、监控的专业手段，但这对于国际化的大公司而言却是轻而易举的事情。在间接融资中，相对于个人家庭而言，银行作为专业的监控活动实施者将会显著降低监控活动的交易成本。此外，由银行来承担监控职责还有助于银行积累专业化的监控知识和经验，这有助于银行作为金融媒介进一步提高其监控水平。因此，当不考虑监控成本为零的假设时，我们就可以顺理成章地解释银行作为重要的金融媒介存在的原因了。银行之所以可以发挥金融媒介的作用，主要原因是由银行承担监控职责的成本要显著低于个人。然而，需要说明的是，该论点与另一个论点有着很大的区别，即银行可以通过汇集各类投资组合来降低投资者面临的信用风险。

二、激励手段

投资者（包括银行）与投资于商业项目的工业企业之间的交易可能会产生很大的信息不对称问题（Aoki，1994，p.109）。Aoki（1994）的研究指出，信息不对称问题主要表现在以下三个方面：①逆向选择问题。投资者对企业在技术、市场、管理以及投资动机等方面存在着信息不对称，然而这几方面往往决定投资项目的产出和绩效情况。②协作问题。如果投资项目的财务回报需要以其他企业的投资项目作为配套，那么该企业的经理人就可能对该投资项目存在着信息不对称问题。③道德风险问题。企业经理人原本承诺将筹集资金用于指定的盈利项目，但事实上由于经理人自身能力不足或者是其难以识别的偷懒行为最终导致原来的承诺落空的情况。之所以经理人的偷懒行为难以识别，主要原因是其行为隐藏在包含有噪声因素的随机的、不断变动的产出之中。

股东与经理人之间的交易同样也会产生信息不对称问题。对公司所有权与控制权相分离的研究已经成为信息经济学的主流研究内容。委托代理问题主要产生在昂贵的信息收集成本以及较高的签约成本的情况下，拥有实物资产的一方必须依赖另外一方来代其管理这些资产。例如，企业并不是直接由股东来管理，而是委托职业经理人来管理。由于昂贵的信息成本，企业的股东也只能对经理人实施有限的控制。所以，股东应该对经理人实施激励，敦促其取得好的工作绩效。那么对经理人的激励需要取决于企业的实际经营业绩（Stiglitz，1994，pp.98-177）。对于银行而言，银行的股东和其他所有者与决定发放贷款的银行管理层之间存在的问题就属于委托代理问题。

信息经济学对信贷市场失效问题的理论研究，无论从广度还是深度来讲都取得了长足的进步。正如 Stiglitz（1994）指出的那样，银行在介入交易的过程中，将会获得大量有价值的信息，这对贷款的评估和监控具有较高的价值（Stiglitz，1994，p.103）。这种情况也进一步支撑了实施激励措施的重要作用，而正统的新古典经济学并不认可激励措施存在的必要性。事实上，激励机制的核心问题将会对银行管理层的行为产生重大影响，因为在没有任何激励手段的情况下，银行的储户以及银行股东均不能保证银行的职业经理人的工作是高效的，并且竭尽所能对银行的贷款组合实施尽责的监控，确保贷款能发放给最有效率的借款人，以及在借款人出现破产的情况下，能够迅速采取有力行动收回贷款、挽回损失。因此，银行经理人的水平以及对其的激励措施与贷款配置机制同样重要，应该作为变量纳入一般均衡模型。

理论上讲，股东作为银行的所有者，也应该对银行的经理人进行监督，因为对经理人的有效监督可以给股东带来更高的利润剩余，这部分剩余一般通过股东分红来体现。Alchian 和 Demsetz（1972）的研究表明，资本主义企业的诞生对规避经理人的偷懒问题提供了解决方案。经理人的偷懒行为主要是在信息不对称的情况下，由于道德风险的存在，团队中的每个人都有动机去选择偷懒。那么要解决这个问题就需要做好以下几个方面：①确定一个监督人；②激励监督人高效地进行监督，要更好地激励监督人，就需要让监督人分享企业经营的剩余收益。同时，监督人还应被赋予监督和管理团队的权力。以上就是对资本主义企业运作机制的一种形象描述。然而，随着股东收益权概念的出现以及公司收益权与控制权的分离，Alchian 和 Demsetz 提出的关于剩余收益权的解决方案的效果将大打折扣。虽然在企业中股东才是真正的剩余收益权的拥有者，但是股东还是不得不将监督的任务赋予经理人，那么经理人进行日常经营监督管理的动力较股东就会显著减弱。尽管银行经理人的监督管理工作是卓有成效的，但是按照约定他们还是不能拥有企业的全部剩余收益权。所以，可以通过对激励性薪酬机制的设计来降低委托代理问题，但却不能从根本上消除。譬如，如果银行的经理人履行了谨慎性程序，并将贷款贷给了他们的朋友，那么纵使他们在整个贷款流程上是谨慎的，也可能会导致道德风险问题，并且由于该问题而产生的显著的负外部性（negative externality）可能会导致只有在引入对银行的外部监管的情况下才能使该问题趋于解决。因此，银行的所有者以及外部的监管者必须花费大量的资源来实施监督，制定有激励性的机制来确保银行经理人竭尽全力去管理并监控银行的贷款资产组合。

那么，现在的问题就是如何为银行所有者建立一套健全的激励机制，从而使他们更好地对经理人进行监督。然而，也有观点认为，如果每位股东都有很强的动力去监督管理层的话，那么银行本身就必须能够挣得"租金"（rent），并形成银行的"特许权价值"（franchise value）。这里讲的特许权价值就是银行的所有者努力通过高效的管理获得的银行价值（worth of bank）（Hellmann 等，1997，pp.171-174）。Hellmann 等的模型认为，银行的所有权结构就是银行的所有者将银行获得的租金用于激励管理层更好地监督管理贷款投资组合。那么能够实现这一最优制度结构的前提是，银行必须由股东自己来管理，并且由股东来分配产生的租金。次优的制度结构是，虽然银行不是由股东自己来管理，但是在聘任或者解雇经理人方面股东会达成一致行动，进而来达到租金最大化的目标。然而，在次优制度结构安排中，对于股东用于激励管理层的特许权价值的充足性问题，则没有做出说明。

这就是银行股东建立外部强制执行标准（如资本充足要求）的原因，并将其作为约束经理人行为的重要机制。这种机制在理论上和实践上都可以达到较好的监督效果，而仅基于特许权价值的机制安排只能在理论上说得通。比如，银行一般需要预留一部分资本储备，目的是使银行预留一部分资本用于持有政府证券。这就可以促使银行不是将其全部资产作为贷款放贷出去，而是将其预留的资本用于银行坏账的支付，以备不时之需。然而，针对这个问题也是有争议的。我们将在下文对银行资本储备为什么总不能有效应对问题做出分析探讨。例如，在投资组合研究法下，Kim 和 Santomero（1998）指出，对银行资本储备要求的规定会使银行的风险资产分解、放大，从而衍生出更大的风险，尤其是当一些小型银行自身不能完全分散风险的时候，这一问题表现得更加严峻。具有讽刺意味的是，银行资本储备要求规定的出台实施，使银行破产的概率显著提升（Hellmann、Murdock 和 Stiglitz（2000）指出资本储备要求规定的出台会导致帕累托无效）。

随着金融市场国际化程度不断提高，世界主要国家的中央银行正在通力合作来制定标准化的银行风险防范规则，旨在避免国际大型银行大量涉足高风险业务。尤其是，国际清算银行和巴塞尔银行监管委员会正在努力使国际清算银行资本协定（BIS Capital Accord）和信贷风险模型标准化，这将会帮助国际大型银行的股东和管理者做好风险管理和绩效评价，并发挥越来越重要的作用。此外，国家监管机构会越来越多地要求银行管理者或者银行管理者自愿地去关注并计算银行需要多少的安全资本储备，同时管理者们还需要计算需要发放多少绩效薪酬，并组织开展客户利润分析、风险定价以及投资组合管理等工作。

Stiglitz 认为，关于一个企业财务状况的相关"信息"属于公共产品（Stiglitz，1994，p.211）。私营评级机构（如穆迪和标准普尔）也发挥着提供评级信息的作用，因为良好的评级可以降低借款人的融资成本。此外，大多国家已经按照国际标准要求进行资本充足方面信息的披露（如巴塞尔银行监管委员会要求的资本充足率），这将有助于为借款人和银行管理层进行更加有效的监控提供更有价值的信息。同时，我们还需要对国际监管准则以及信贷风险的私人评级在帮助银行或金融机构获得更有价值的信息以及提高监控水平方面的效率和效果进行评估。

因此，信息经济学也指出了信贷市场中存在的大量市场失效（market failure）的情形，在此情况下即使是处于均衡状态，那么也会导致信贷配给（credit rationing），主要原因是贷款人与借款人之间的信息不对称。信息经济学认为，不完全信息研究范式（paradigm）解释了为什么金融市场会存在信息不对称，并证明了为什么银行作为金融媒介能够存在下去。该研究范式使我们深刻认识了银行行使监控职能的重要性，同时也使我们进一步认识到了银行经理人、银行股东以及政府监管机构的监管动机，即通过互相协作致力于成为高效的金融管理者。然而，信息不对称并不是金融机构、借款人以及贷款人面临的唯一问题，除此之外，他们还面临有限理性（bounded rationality）以及不确定性问题（uncertainty）。信息不对称和激励机制研究并没有将这些因素都考虑进去。

三、监控方案不完备的根本原因

随着经济发展运行越来越复杂，银行经理人和政府监管者的监控活动将会进一步加强。本书认为，有限理性和不确定性作为其背后的根本性动因，需要重点加以研究。

1. 有限理性

Herbert Simon 在论文中提出，经济活动中的参与各方虽然主观上是理性的，但理性程度十分有限，部分原因可能归结于信息不对称问题，但主要原因还是参与各方在博弈中计算各自最佳博弈策略的过程变得十分复杂。在现实世界中，人们总是遵循经验法则（rule of thumb）行事，而不是努力去计算纳什均衡或者求解最优化问题。Simon 自己在做决策时也会常常走捷径，使用经验法则行事。这并不是因为他们都非理性，而是他们这样做可以节省稀缺的资源，同时人类大脑的计算能力也是有限的。

假定银行业以及信贷市场中的国际化趋势以及技术变革意味着贷款人（也包括政府监管者）在对业务进行监督和监管的过程中将会面临前所未有的困难。正如 Williamson（1985）和 Hargreaves Heap（1992，p.17）指出的那样，监控成本居高不下促使人们在计算最优行动时，常常选择使用经验法则，以节约信息获取成本。也就是说，随着监控复杂程度的提高，贷款人将会越来越少地使用既定程序来衡量信贷风险，并更倾向于直接接受信贷风险的外部经验信息，而不是劳心费力地去精准计算监控活动。也许他们的行为模式在一开始是有助于理性决策的。然而，随着遇到的风险因素越来越复杂，那么进行精准计算的工作量将变得极为巨大，从而导致他们改变行为模式，并最终充其量也就做到了程序上的理性。

根据 Weale（1992，pp.62-65）的研究，经济人（homo economicus）就是要做到主观上和程序上的理性，并能够计算出如何最大限度满足自己的偏好，尤其是像在新古典经济学中描述的效用最大化的人。经济人的主要活动就是在可供自由选择的空间和资源范围内，计算如何最大化满足自身偏好。另外，由于技术水平或者他人偏好的原因，自由选择范围应该是有边界的，因此在对此的研究中我们引出了社会人（homo sociologicus）的概念。特别需要说明的是，我们还引入了社会准则来对人类的行为形成约束。个体的相关社会学概念也显示了社会人如何在从孩提时期到长大成人的过程中接受教育，并将制定规则与遵守规则作为个体行为的第一动机。虽然规则降低了计算的复杂性，但是建立在社会主流规则基础上的行为，从理性的角度来看很难给予其合理的解释。如果每个个体都以个体角色角度思考或者从制度规则层面思考，那么他们的集体行动很难实现个人及集体利益的最大化。该研究方法通过审视计算成本与集体利益之间的冲突，可以使我们更加清晰地认识到人类理性的有限，以及在巴塞尔框架下对信贷风险程式化的评估中存在的主观、武断决策。

Simon 式的分析框架的另外一个显著特征就是，由于有限理性的存在，我们还可以通过获得相关信息以及来自他人的建议提高决策效率。一般而言，个性顺从并能遵守规则的人比不遵守规则的人更具有优势（Simon，1996，p.45）。事实上，遵守规则往往意味着个人必须采取某种特定的行为模式，并且还需要照章纳税，这对个人而言可能会带来利益损失，但对整个集体而言却是有益的。只要税负不是非常高，并能使人看到继续保持规则可能带来的优势，那么践行利他主义的人就会比自利的人更能获得社会尊重。这也解释了利他主义和利己的机会主义可以同时在组织和社会中存在的原因。虽然这项研究是富有远见的，但是 Simon 却没有解释清楚在什么情况下遵循经验法则是可行的，以及找到应对繁重计算问题的有效解决方案。

2. 不确定性

自从对行动结果的研究扩展到长期条件下，那么精准的预测对做出客观的理性决策具有重要作用。但是在现实世界中，大多数选择都是发生在不确定性情况下。Knight（1921）引出了一个著名的概念，即"可度量的不确定性"（measurable uncertainty）或者"风险"，风险在概率论的研究中经常出现，而可度量的不确定性却很少出现（Ellsberg，1961）。一个事件的概率通常是基于对一个事件的重复观测，在此基础上我们可以计算该事件发生的概率。相反，在经济领域中的很多事件却不遵循这样的统计规律。因为在经济领域没有可供重复观测的经济事件，所以我们就很难得出其发生的客观概率，那么也就很难判断一项创新性事件的成功概率。需要说明的是，这里讲的风险是一种主观判断，并且这一主观判断会随着个体经验和知识的不同而不同。那么，个人主观概率判断的形成就是 Knight 所讲的不确定情况下的决策。

本书也引用了 Knight 对不确定性的定义，即不确定性就是对一个事件难以衡量的客观概率做出的主观评估。考虑到不确定性难以衡量，那么可以衡量主观概率，主观概率可以区分为统计概率和客观概率两类。Knight 所提出的不确定性与凯恩斯的不确定性相似，其主要发生在下列情况中：①随机波动并不受稳定的概率分布所支配；②参与人难以获得低成本信息，难以对经济事件的真实状态做出准确判断；③参与人自身很难判定自己的行为对结果的影响程度；④要对系统性风险做出估计也是异常艰难的，因为没有可供使用的经济参数作为依据（Dymski，1993）。通常情况下，不确定性或多或少都会被忽视，取而代之的是个人依据经验得出的主观概率，同时还用风险溢价来弥补不确定的负面事件可能带来的损失。截至目前，还没有经济学理论能够精准地告诉我们在不确定条件下如何做出最优决策。现实中，人们通常会观察别人的决策和行为，充分考虑社会规则的因素，并做到自身决策并不会显著偏离社会通常做法。但是"当人们事后发现他们都错了，那么金融危机也就爆发了"（Davis，1995，p.135）。

本书充分吸收了后凯恩斯经济学关于"不确定性"的主要研究成果。凯恩斯关于不确定性的阐述指出，所有在经济上有意义的行为都源自于人们努力对不确定性的规避（Dymski，1993）。凯恩斯还对"不确定的知识"做出了如下定义：

对于不确定知识的阐述，我认为不能简简单单将"确定"和"不确定"区别开来。从这个意义上讲，轮盘赌游戏（roulette）的结果并不一定是不确定的，然而未来胜利债券是否购回却具有不确定性。或者进一步说，人的寿命仅仅具有很小的不确定性，天气情况具有相对不确定性。那么继续举例的话，欧洲战争的前景则是不确定的，或者铜的价格以及20年后的利率，或者一项新发明未来是否会被淘汰，或者在1970年的社会中一个人拥有大量财富，那么他未来的社会地位是否会发生变化等都是不确定的。对于这些问题，还没有科学手段能精准计算出未来的结果，那么我们对于未来的预测也就无从谈起。然而，现实中我们仍然需要做出决策并付诸行动，这就驱使我们做一个更加务实的人，尽我们最大努力去审视这糟糕的现实，如果我们能够功利地计算出未来可能的优势或劣势，那么我们将力争做到精准决策、做出正确的行动。需要说明的是，要做到这一点的前提是需要对每一个变量发生的概率给出合理的假设参数（凯恩斯，1937，pp.213–214）。

信贷市场中的市场失灵（如均衡状态下的信贷配给）主要是由贷款人

与借款人之间的信息不对称所致（Stiglitz 和 Weiss，1981）。然而，信贷市场中的失灵现象还有可能是由其他信息问题所致。本书认为，信贷市场失灵是由于贷款人与借款人在风险评估过程中所使用的信息含量不一致，进而造成信心状态的差异。这种差异主要源自贷款人与借款人在市场中的角色不同。尤其是在不确定性的情况下，这种信心状态的差异会表现得更加显著。

"信心状态，顾名思义，理性务实的人总是对其十分重视"（凯恩斯，1936，p.148）。因为，信心状态可以帮助人们做出长期预测，这是决定资本边际效率的关键因素。我们在下文还会提到，贷款人信用风险管理具有不确定性，而由这些不确定性导致的市场波动是使监控活动变得阻力重重，并难以发挥其功效的最主要因素之一。通常情况下，贷款人与借款人之间的信心程度也会出现差异，主要因为他们对市场的研判是不同的。在这种情况下，如果借款人对接收到的信息持怀疑态度，那么就可能导致市场失效，这种情况一般仅存在于信贷市场中。

不确定性往往使决策过程变得极为复杂并且对结果难以预期。不稳定性主要源自于贷款人的不确定性，尤其是从信用风险管理中的主观概率角度来看更是如此，这也是导致金融市场这一"致命弱点"的关键因素（Meltzer，1982；Davis，1995）。通常情况下，不确定性常常使代理人采用经验法则解决问题，因为过往的经验标准可能比个人主观判断更为有效（Simon，1996；Koppl，2002）。然而，这样标准化的经验法则自身也可能成为我们做出更优决策的障碍。当我们已经获得某一方面的规则时，我们就可能沦为一台只会遵循程序理性的机器。在国际银行与信用风险管理中，对信用风险进行纯数量化的、程序式统计分析，目前已经成为主流。在程式化的经验法则下，贷款人往往对预期信用损失进行数量化的评估，以此保持资本缓冲（capital buffer）来弥补难以预期的信用损失。渐进性推广巴塞尔指引在国际信用市场中的落实，这是对不确定性做出的两难选择。为确保国际银行与信贷市场的稳定，巴塞尔监管委员会设立了8%的资本充足率标准，作为资本缓冲的国际标准。在该规则下，贷款人不允许承担大量信用债务，因为这可能导致资本充足率下降到标准以下。但是我们也会看到信用风险模型的推广可能导致误导性的同质化信息，从而可能通过贷款将羊群行为效应放大，最终有损金融稳定。

四、Minsky 金融脆弱性假设与信用风险评估中的羊群行为

Hyman Minsky 在金融理论领域以持有悲观的论断著称（Kindleberger，2000，p.13），并且对构建金融脆弱性模型以及提出金融系统具有周期性危机的观点做出了重大贡献。

金融脆弱性是金融系统的特质。在一个脆弱的金融系统中，一些突如其来的因素就可能将正常发挥的机制打破。系统性的金融脆弱是指正常经济运行过程中所导致的脆弱的金融结构，因此，由于金融的脆弱性所导致的经济的脆弱性，不仅仅是突发事件或者政策失误所造成的。所以，金融系统性脆弱理论就是致力于探究经济内生性脆弱或者更易发生危机的金融结构存在的根本原因（Minsky，1997，pp.139-140）。

Kindleberger 指出，Minsky 关于金融脆弱性决定因素的另外一个观点就是，引发金融危机的事件往往始于一些影响宏观经济系统动荡的外生因素（Kindleberger，2000，p.14）。很显然，Minsky 将引发金融脆弱性问题的重点放在了外生性因素上。

Minsky 认为，以下三个因素决定了金融体系是强健还是脆弱：①经济体中的套利、投机组合以及旁氏融资（ponzi finance）；②投资组合中的现金及准现金资产的权重，即各类商业单元的狭义的流动性；③投资项目的负债程度。

根据 Minsky 的研究，如果一个企业的债务现金流承诺是那种对一段时间后现金收入的预期显著超过现金支出，那么这个企业就可以说是参与

"对冲"融资，而"投机"融资则是对某几个时期后的现金支出预期超过现金收入。然而，预期归于公司的来自其所拥有的资产的现金流的现值超过了依据合同的现金支付的现值。因为投机融资拥有正的净收益，借款者就可能进行再融资。最后，旁氏融资是一种投机融资，因为它的薪金支付承诺的利率比超过了其净现金收入，即企业参与旁氏融资，拥有负的净现值（Minsky，1977，p.143）。Minsky 强调企业参与投机融资或旁氏融资，甚至是对冲融资，对利率变化以及从资产端减少现金流的事件都是脆弱的。例如，利率上升会增加现金流承诺，而没有增加现金流收入。此外，如果借出者参考提高的市场利率作为计算现金流现值的折扣利率，那么期望的基点现值的收入就会减少。可是，为估算净现值决定合适的折扣率本质上就很困难，因为长期利率不确定。

尽管 Minsky 没有强调这点，但是迄今为止现金流预期受不确定性条件的影响，出借者对项目的估值、出借者的审查和监控事关他们的融资和再融资评估。出借者的审查和监控是他们的期望现金流覆盖现金支付承诺程度的基础（Minsky 称此为"安全边际"）。因此，审查和监控借款者对于信用评估来说非常关键，因为监控代理人总是受到有限理性和不确定性的约束。

第三节
监管活动相关理论：监管部门的监督与监控活动

一、概述

出借人的监管与信贷市场的金融监管关系微妙。出借人和投资人有效、恰当、积极的审查和监管对金融市场的正确运行至关重要。这也同样适用于银行和信贷市场监管。信贷市场的交易不仅跨时期，而且是一种实现具有不确定性的承诺（Stiglitz，1994，pp.209-211），是今天的钱与未来的承诺（经常是模糊的）在交易。今日之钱与明日之钱交易是我们经济当中的普遍现象（Minsky，1977，p.142），借款人对偿还承诺的违约破坏了出借人的偿债能力。因此，这些市场暴露于潜在的传染性挤兑的系统性风险之下。这种风险不能通过平常的市场拍卖机制得以阻止和解决。

与借款人承诺偿还的风险相关的信息是无形和不确定的，这使得这个市场作为平常的拍卖市场几乎无法运行。因为银行在银行间市场交易大量流动性以结算各种付款委托书，一个银行无力偿还就会引发系统性的银行挤兑。另外，期望传染的可能性和信心丢失的积累将导致挤兑或系统性崩溃，即便一个银行无力偿还，就基本上是整个银行系统开始崩溃的标志，也会带来严峻的宏观经济后果。因此，金融监管和政府干预对维持金融稳定就变得十分重要。

大多数银行业教科书强调流动性风险——无力为现行债务获得融资。存款保险和央行作为出借人成为最后的救助者，通过维持银行信心以抵消流动性风险。对于银行监管者来说，最重要和最复杂的问题是如何使银行在最初就放弃取得不良贷款。监管银行既费成本，又不能做到完美。原因在于：①信用风险评估中的不确定性成分（对主体违约概率进行评估的难度）；②银行和银行监管者之间的信息不对称。这很可能会带来无效的保护结构，导致银行贷款组合管理中道德风险的产生。正如 Stiglitz（1994）所认为的，在主要的资本主义经济体中金融市场结构在某些重要的方面极为不同。这种不同是重要的，每个国家的制度是对其特定文化或经济环境的适应性反应。于是，根据历史情况，为了将风险和不确定性社会化以使监管更好、金融资本得到更有效配置的规则就可能差异巨大。

Aoki（1994）、Davis（1995）、Dore（2000）、Stiglitz（1994）以及其他学者已经对日本和美国的经济金融体系进行了有益的对比分析。一种普遍的观察是银行在日本的公司融资中发挥最主要的作用，而在美国银行的金融作用大多限于短期流动资金贷款。在日本，证券市场相对不发达，而在美国长期资金更多是间接通过债券和股权市场获得。在日本经济起飞以及直到 20 世纪 90 年代初的时间段里，日本的银行贷款在所有公司融资中至少占比 90% 以上，而美国的银行贷款则不超过 30%（Davis，1995，p.37）。

每一种金融结构都是基于国家的特定环境，并在长时期内逐渐形成的，因此不可能在其他地方轻易复制（Davis，1995；Stiglitz，1994）。然而，日本却被鼓励放弃它传统的金融体系。20 世纪 80 年代中期以来，日本已经采取英美式的金融去监管，这正是被美国所宣传和提倡的。尽管美国的银行在公司融资中的作用有限，但是它们要遵守严格的信息披露规则和严厉的资本充足率要求，这将在本书后面的章节里讨论。同时，美国的监管者担心如此高的资本充足率标准可能导致美国银行在国际金融市场中失去竞争优势，于是在巴塞尔委员会极力促成国际资本充足率标准的建立。在美国金融体系中，风险和不确定性的分散是通过证券市场完成的，而证券市场拥有庞大而多样化的投资者基础。这种独一无二的结构允许，也鼓励美国银行避免大面积暴露在特定公司或行业的风险敞口之下。相反，考虑到日本银行在公司融资中的主要作用，以及作为重要金融中介和监管角色的限制，这对日本经济有着深刻的影响。

二、银行租金

银行租金分析已经成为调查银行重要作用惯用的新方法。根据 Khan（2000a）的定义，租金是指"额外的收入"，在最简单的模型中，有效市场里不会存在这种收入。"更准确地说，如果一个人得到比他本应该挣得的最低收入高的收入，那么他就获得了租金。通常最低是指次优机会中得到的收入"（Khan，2000a，p.21）。本节评价了日本传统金融中重要的制度安排，创造银行租金的"金融抑制"监管。如同后文，这种制度安排致力于创造和维持一个"一体化"的监管体系。在这个监管体系盛行期，日本的主银行起着重要的金融中介和监管者作用。同时，一般认为，日本主银行的稳定一部分原因在于利率控制，即存贷款利率差很高，因此主银行能够获利。Patrick（1998）认为，这种安排体现监管体制的本质是保证银行不会垮掉，这样管理者、股东和存款者被保护而免于系统性崩溃，并且通过银行系统的内部激励，出借人的有效监管得以达成。

在此背景下，Hellmann 等（1997）的金融抑制模型提供了一个理论框架，解释日本"基于租金"的主银行系统在其起作用的时期内的效率和效果的核心因素。

Hellmann 等的金融抑制模型是 Stiglitz 和 Weiss（1981）的模型的提高版，其重要性在于显示了作为信息不对称问题的结果，信用在本质上是有限供应的。因为出借人不能完美地和毫无成本地在事前选择对的贷款人和在事后监控贷款人的行为，价格机制并不能排除过多的融资需求。例如，当一个借款者被一个银行认为不值得信任时，尽管其向银行提供更高的利息，银行也可能拒绝贷款申请。因为这种行为被理解为更高的违约风险。Hellmann 等（1997）拓展了这个理论，认为政府能通过银行的租金促进银行积极监管它们的贷款组合。如果政府为储户的存款利率强行设置低于市场出清利率的"天花板"，相机性租金将以显著的存贷利率差的形式出现，这将强烈激励银行更细致地监管它们的贷款组合。

根据这个金融抑制框架，家庭部门提供资金，公司部门使用这些资金，而银行则作为金融中介。如图 2.3 所示，利率 r_0 是家庭资金供给曲线和公司需求曲线的交叉点时的市场均衡。如果政府通过管制存款利率干预金融部门，金融中介便能获得租金，新的贷款利率将提高到 r_L，被管制的存款利率 r_D 和市场贷款利率 r_L 之间的距离便是租金的来源。银行，更确切地说是银行所有者将继续获得租金，只要银行的资产和贷款组合得到充分的管理，保持组合能够偿还（Khan，2000a，p.58）。可以认为日本政府按照金融抑制框架的一个简单的干预安排便是日本金融体系的重要元素。它激励日本的主银行提高监管和金融中介的技术水平与经验。这反过来促成至少在日本经济起飞阶段金融资源的有效社会配置。

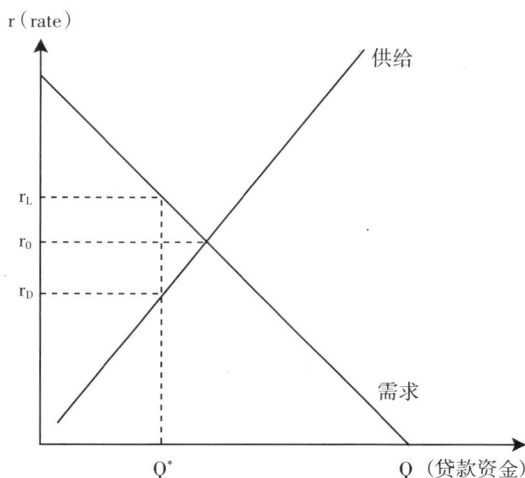

图2.3 金融部门租金作为贷款组合监管的激励

模型还认为，一方面储蓄可能对高利率反应更积极，这种弹性很可能非常低（Hellmann 等，1997，p.168）。另一方面，模型假设储蓄总量依赖于收集存款的可用的基础设施，特别是依赖于银行分支网络的广泛性和为当地社团提供服务的效率。因此，模型声称通过增加中介的回报，银行就有增加它们存款机构的强烈动机。模型认为，储蓄的"租金影响"的可能性非常大，也就是说，增加的储蓄来源于更多的押金和提高存款基础设施的投资的增加，以及促进图2.3中正式金融机构供给曲线的右移。如果租金影响与储蓄的利率弹性的相关性很大，那么在金融抑制的情况下，通过正式金融机构作为中介机构获得的资金总量将比自由市场情况下获得的资金总量大（Hellmann 等，1997）。

尽管社会净效益并不总是与个人净效益一致，银行租金的重要作用在于为各个银行有效地监管贷款者提供激励。于是我们能够用这种"金融抑制"体系内的组织变化解释银行承诺努力监管的变化。一方面，基于租金模式，来自监管努力的可观收益包括银行保留它的"连锁价值"（Hellmann 等，1997，pp.171-174）和"声誉"（Stiglitz，1994，p.223）所能赚到的收益。另一方面，失去相机性租金的威胁防止了银行降低它们的监管功能（Aoki，1994）。日本基于租金的模式的监管依赖于这些激励和制裁机制以及监管者对这些机制的有效控制。我们将在后文中阐述这种机制。

三、信用风险如何被扩大化

出借者和投资者对贷款者的有效审查和监控对金融市场的有效运行十分重要。然而，由于有限理性和不确定性，每个代理者的审查和监控能力有限，金融监管框架不能只依赖这些监管者的努力。一个更深入的因素，即出借者不确定性的分散和吸收，对于一个有效的金融体系的设计来说很重要。信用风险和不确定性的分散依赖于正式的和非正式的制度安排以及每个国家的国情。这意味着在一个国家起作用的系统并不一定具有普适性。

任何监管部门最重要的监管目标是：维持金融稳定，尤其是通过防止银行破产传染以保障银行系统的稳定。提升金融中介（调配剩余单元的储蓄给投资者，以使交易成本和信息不对称的摩擦最小化），特别是包括在监管过程中吸收或积累信用风险管理的技术和知识。然而，我们在后面将要讲到，一个目标的促成可能阻碍另一个目标的达成。于是，一个恰当的金融体系设计最重要的就是在这两个目标当中保持平衡。按照监管目标，表 2.1 对英美金融体系的制度安排特征与日本传统金融体系的制度安排特征进行了对比（见第三章）。

英美金融体系的特征是"功能分散"和"专业化"。在美国公司金融框架内，信用（银行贷款）市场和证券（债券）市场都起着重要而完全不同的作用。例如，信用市场满足短期流动资金需求，而证券市场调配长期资金进行中长期投资。一方面，通过加强监管和在保护的框架下抑制银行过度竞争，金融和银行得以稳定，如美国商业银行。另一方面，证券市场

表 2.1 美国和日本监管制度安排对比

为保证金融稳定的制度安排	维持和提高金融中介声誉的制度安排
美国	
◎严格监管商业银行（严格的资本充足率，严格的信息披露要求）→防止银行承担过度的信用风险→限制银行在公司金融中的贷款作用（在美国公司金融总量中依赖银行贷款的少于30%，此外，延长这些贷款适用于短期流动资本）→限制美国银行的经济力量 ◎限制银行竞争（通过《格拉斯—斯蒂格尔法案》限制跨州银行业务）	◎具有不同动物精神和首创精神的大量、多样化的投资者广泛存在，这对于起飞和变化阶段的经济体中整体范围内经济活动的融资很有必要 ◎金融中介信用风险审查和监管功能专业化。例如，在这个框架内，投资银行作为担保人，风险基金管理人作为培育者，评级机构作为评估者
日本	
◎保护机制：通过控制进入和扩张分支机构的排照限制竞争；通过控制存贷款率创造银行相机性租金 ◎惩罚机制：通过财务省的审查团队有效限制权利→通过委派财务省退休高官去逃避监管工作的银行作为惩罚，否则减少其相机性租金 ◎监管者和主银行之间"基于关系"的信息分享系统：确保创建和改变金融监管以解决问题时保持灵活性，而非投资组合管理的短视手段	◎直接投资"风险"基金不足是因为日本家庭的风险厌恶偏好。这个系统依靠直接投资（大约为公司金融的90%，包括运营资本和设配长期贷款，在过去依靠银行贷款） ◎要求银行有高水平的能力审查和监管借款者，而激励（如银行租金）银行去监管也重要 ◎重复交易的长期关系可能有助于培育新风投，审查、监管和重构公司的知识和技能的积累。对于代理公司的成功来说，银行作为准伙伴关系战略，在金融中介和整体监管方面起着重要作用，而非投资组合管理的短视手段

注：尽管 1999 年 11 月 12 日的《金融服务现代化法》废止了 1933 年的《格拉斯—斯蒂格尔法案》，但是美国商业银行和投资银行在实践中仍有很大的分歧。

（如债券、股票、证券和风险资本市场）中大量的、多样的投资者的存在又能吸收各种风险和不确定性，确保了证券市场的稳定，同时监管者确保信息的充分披露，防范破坏这些市场中中小型投资者信心的内部交易。监管者的又一目标是维持金融和非正式中介机构的竞争。通过渠道将金融资源注入公司和将风险资本注入投资，具有相对自由和竞争性的证券市场显著调配了金融资源，保持了经济的流动性。

同样，日本"基于租金"的金融中介和监管模式中包括了一个保护和惩罚机制。在这个体系的全盛时期，这个机制被监管者有效掌控（Aoki，1994，pp.126-127）。一方面，在这个模式中，来自监管努力的可观收益，包括租金，换句话说，银行希望作为其"连锁价值"（Hellmann 等，1997，

pp.171-174）和"声誉租金"（Stiglitz，1994，p.223）一部分的受保护的利润。另一方面，减少租金的威胁（即不能得到开办新的分支机构执照的威胁）在防止银行降低它们的监管功能方面起着重要作用。美国金融体系能限制商业银行的经营范围和作用以保障金融稳定，日本则依靠间接金融。在这个间接金融体系的结构中，其家庭偏爱风险厌恶的组合选择。因此，日本需要设计一套激励日本主银行的制度框架，激励日本的主银行作为其他金融中介的代理人，并且有效审查和监管代理公司以及管理其贷款组合的风险。事实上，为了保持金融稳定，两套体系都对商业银行强行进行保护性的监管。需要注意的是，为美国银行设立这种保护性的制度框架是为了限制其经营范围和弱化其经济力量。相反，日本银行的监管角色是为了加强银行的利润基础，以及使其成为中介和监管者。

人们普遍认为，在泡沫经济创造和破灭之后，日本银行大量积累不良贷款意味着传统"基于租金"和"基于关系"的银行系统的失灵。然而，这些理论只关注了银行租金的负效应方面，尤其是道德风险结果和寻租活动的无效率特征。这一时期日本银行部门发生了重大变化。首先，泡沫经济的破灭促使日本银行以及银行监管者从传统的监管模式走向英美监管模式。这一模式只通过客观的，至少客观性的信息，用风险调整的资本收益率等外部标准来量化信用风险。其次，受益格鲁—美国影响的《巴塞尔协议》逐渐成为偿付能力监管的规范标准，这对日本银行管理者是又一限制。日本银行管理者逐渐被鼓励去适应新的金融中介、监管和风险管理风格。这种风格基于盎格鲁—美国证券主导的金融系统实践。

引进资本充足率要求（1988 年的《巴塞尔协议》有 8% 的资本充足率要求）是通过使国际上主要的银行保持覆盖各种风险和未知损失的可知缓冲，以此强化国际银行体系。巴塞尔银行监管委员会解释道，希望 1988 年法案成为国际金融架构的基石，其最重要的目标是提升国际金融体系的安全性和声誉（BCBS，1999b）。银行监管者最主要的关切无非银行挤兑，这可能会由超过国家监管者监管范围的国际主要银行破产触发。这促进了提升国际标准集中的理念出现。在阻止国际银行挤兑方面，这将提高金融自由化和金融稳定之间的权衡。例如，Eichengreen（1999）、一位 1997~1998 年度 IMF 的经济学家以及一位《巴塞尔协议》新框架的强烈支持者就如此认为。这部协议的第二条和第三条分别考察了监督检查的正当性和强化了市场准则（BCBS，1999b），以促使出借者将信贷适量配给那些未能采取必要措施保证自己金融稳定的借款者。根据 Eichengreen 的新经典观点，信息通信技术使得金融交易更难监管，只有信息通信技术强有力的改变才能驱动国内和国际金融自由化。为了保证效果，对国际交易的控制必定更为繁复和扭曲（Eichengreen，1999，p.2）。然而，问题来了：《巴塞尔协议》条件的集中如何影响国内市场的金融中介？主流的观点并未充分表述这一点。例如，Eichengreen 假设在盎格鲁—美国证券主导金融体系下，金融资源的流动和配置将会得到更好的管理。在后面我们将分别在国家制度和金融结构背景下考察这个假设。

四、偿付能力监管理论

需要注意的是，1998 年《巴塞尔协议》的关键特征为最低水平资本是总的风险加权资产中要有 8% 的合格资本这一通用框架，以保持资本充足率和偿债能力。我们借助资本要求考察偿债监管理论。这些方法一直有争议，尽管有好几种方法试图分析和模拟最优监管方案，但它们可以被分为两种类型：投资组合方法和激励方法。[3]

投资组合方法以 Kahane（1977）为先锋代表，之后 Freixas 和 Rochet（1997）、Kim 和 Santomero（1988）、Koehn 和 Santomero（1980）也对此做了研究。主要思想是：如果选择资产和负债组合时，银行像投资组合管理者那样行动，在计算它们的资本资产比时，风险相关的权重就很重要。有趣的是，Kim 和 Santomero（1988）利用均值—方差模型比较了强加偿债能力监管之前和之后在不完全竞争市场上银行为分散风险所做的投资组合选择。他们认为，偿债能力监管通过增加风险导致银行资产组合中风险部分重组，尤其是因为一些小银行不能完全分散它们的风险。讽刺的是，执行偿债能力监管以后，银行破产的可能性往往增加。这是这一方法的争议点。例如，Rochet 认为当监管者"正确"刻画风险，以此计算他们的风险暴露和偿债比率时，这种银行资产配置的扭曲将会消失。然而，这种方法的关键在于正确刻画风险，可基于市场的风险权重是否能被信赖并不清楚。

在激励方法中，偿债能力监管成为解决公共保险系统和私人银行资金代理问题的模型。因为，监管者保险成本很高，偿债能力监管被要求根据被用来偿还存款人最低要求的公共资金创造限制潜在花费的激励。在现实中，新资本充足率框架更像是被激励（资金代理）方法驱动的，这与美国监管者限制银行将自己暴露在更大的风险敞口（因此监管者也会）下的传统关切一致。这种方法试图刻画合理的资本充足率保险失败后的社会成本。然而，考虑到信息难题，此方法依然面临获得正确为计算风险敞口和偿债比率以及计算其最优水平刻画风险的手段的问题。此外，在这种方法中，银行作为金融中介和监管者，对自我进行审查和监管所做努力的社会效用并未得到充分体现。

在此，我们应该注意银行监管的工具要根据每个银行部门的国家特征来专门制定。Freixas 和 Rochet（1997，p.259）将银行部门安全和声誉监管分为六大类：①存款利率上限；②行业进入、分支行举办、网络开展和并购的限制；③投资组合限制，包括准备金要求，甚至作为极端情况，可能限制银行业务；④ ④存款保险；⑤资本要求；⑥管制性监管不仅包括保密政策，还包括市场价值和账面价值的使用。除了进入和并购限制，其他管制措施是针对银行业特有的。他们总结道，银行管制似乎牵涉各种不同的问题，这些问题异质性如此强以至于没有一个能囊括所有主要问题的统一模型。

我们需要注意设计最优的银行偿债监管的主要方法聚焦于保障金融稳定，较少强调如何为经济发展提供合适的金融中介。然而，还有一种研究这个问题的有趣方法，这种方法旨在使资本要求和对银行管理者行为控制的监管之间的替代性观念正式化（Campbell、Chan 和 Marino，1992）。在他们的方法中，考虑了三组可能性：

（1）不可能监管银行的资产，监管者利用资本要求来防止银行吸收过多的风险。

（2）监管是可行的，监管者是善意的。银行资本和监管努力之间存在替代性。在最佳状态下，资本要求不是很严格，与此同时，银行的监管努力可能阻止银行吸收风险贷款敞口。

（3）监管仍然是可行的，但是监管者是自利的。关键局限在于监管者（管制者）责任感有限，不可能努力监管。这将诱发资本和在（2）中取得的监管成就的扭曲，导致需要更多的银行资本来偿债，监管者的监管努力程度更低。

这个模型没有对资本要求的最优水平提出建议。监管者的监管目标不仅在于预防银行的破产，换言之，保持金融稳定，而且在于使银行承担作为促进金融资源有效流动和分配的中介机构和监管者的重要角色。模型假设监管银行资本是可能的，如果我们想要优化所需的银行资本和银行的监管努力，那么在很大程度上取决于监管者是否善意或者自利。尽管模型中所示的因果关系需要进一步检验，但是当设计一个保障金融中介机构声誉和恰当的金融监管努力的金融体系时，它给监管者和银行业的关系方面带来了启示。

第四节
制度变迁理论

什么导致制度变迁？一种新的制度通过何种机制被创造出来或者被另一个制度取代？在新工业化经济（NIE）背景下，"制度"被定义为约束经济活动和行为的规则。⑤制度方法认为市场和政府失灵导致交易成本高企，这高企的交易成本来源于相关制度结构。避免市场和政府失灵的唯一方法便是体系转换到另外一种交易成本低的制度结构。我们注意到交易成本可以定义为"物理系统里摩擦的经济等价意义"（Williamson，1985）或者"运营经济系统的成本"（Arrow，1974；Williamson，1985，p.18）。一般来说，交易成本包括事前成本和事后成本。事前成本包括：①寻找合适的合作伙伴；②谈判价格；③起草恰当的合约。事后成本包括：①监管；②执行合约；③条款辩论和争议。交易成本由一系列不同变量决定，诸如交易伙伴所使用的交易技术、双方议价能力的分布、促使信任和自我执行等共同文化的存在或缺失，尽管往往很难量化交易成本。根据 Williamson（1985）的研究，交易成本经常是通过比较制度方法评估的，在这个方法中，一种合约的模式与另外一种进行比较，可减弱量化的困难度。但是我们也了解在某背景下运行良好的制度不一定在另一背景下也运行良好。换言之，识别增进社会净收益的制度结构概念比较困难。我们当然不能通过比较其他国家替代制度的表现来识别，除非我们能保证我们调整了所有影响交易成本的变量。

制度变迁理论可分为两大类：①功能理论；②过程导向理论。Knight（1992）也指出，解释制度起源的理论强调以下一个或两个过程：①自发或演进；②有意设计。演进过程基本上和功能解释说所解释的非常相似，在某种文化背景下社会制度根据其能力满足此种社会成员的功能需求（Knight，1992，pp.84-86）。正如 Khan（1999）所指出的那样，尽管过程导向理论是作为功能理论的反对面发展起来的，但是许多过程导向理论依然受到功能理论的强烈影响，这是误入歧途。因此，一个令人满意的过程导向分析需要仔细根据社会间的政治权力分布，或者文化和非正式规则的不同来进行。如果将这些变量考虑进来，那么功能不是最有效的制度就可能出现。

North（1999）强调相对价格变化。相对价格受要素禀赋比率、信息成本变化或技术变迁的影响，这些诱使制度变迁。另外，他认为随着时间推移，相对价格的根本性变化会改变人们的行为模式和他们对什么是行为标准的合理化认识。相对价格的变化或偏好的变化能导致特定规范的逐渐消亡及其被其他规范替代。随着时间流逝，规则可能改变或简单地被忽视，以及不被执行。相似地，习俗或传统也可能逐渐消失或者被替代（North，1990，p.86）。尽管这个颇为简单化的故事能被很多方式复杂化——"搭便车"问题或者一些规范或行为的黏性，但他指出在制度变迁过程中相对价格的变化起了很重要的作用。

交易成本理论中成本最低标准通常也是误导人的。Knight（1992）列举了这个标准的三个例外因素：①不轻易显现的隐藏利益；②正式的外部约束（例如国家利益）；③经济代理人可能无法创造最低成本规则的不确定性，因为他们既可能没有能力，也可能没有知识去创造。Khan（1995，1999）给予 North 实用主义者观点批判性评价。这个观点认为制度变迁在很大程度上是由个体议价能力驱动，其中获益者补偿失败者。根据定义，如果获益者总是补偿失败者，如果制度变迁只通过自愿议价才会发生，那么只有增值型制度才会出现。大抵现实世界中制度变迁通常并没有通过谈判和补偿发生。当代理阶层现有权力具有巨大差异，在任何情况下强者补偿弱者都毫无意义。即便他们有思想，他们补偿弱者的承诺往往也不可靠。这是因为制度变迁一旦发生将会改变失败者的议价能力，这常常又导致他们的议价能力比先前更弱（Khan，1999）。

在传统的日本监管模型中，信任的作用在于降低监管成本。监管成本是交易成本的重要组成部分。而交易成本定义为物理系统里摩擦的经济等价意义，我们假设信任可以，并不总是，但也算是经常，起着帮助经济系统平稳运行的润滑剂作用（Arrow，1974，p.23）。相互信任能降低Williamson所说的"机会主义"风险。一般而言，机会主义是指通过欺诈追逐自利，包括形式精妙的欺骗、信息不完全披露或扭曲披露，尤其是精心努力设计误导、扭曲、伪装、混淆视听，或其他形式的混乱（Williamson，1985，p.47）。

信任是指"每个人愿意去依靠他人公正行动和考虑他人福利的态度和行为"（Cohen 和 Knetsch，1992），是指"团结一致"，指对未来协调坚定合作的信念（Ian Macneilix）⑥。"如果信任存在，基于信任的合约谈判及其绩效很可能更有效率"（Cohen 和 Knetsch，1992）。Fukuyama（1995）参考社会学家詹姆斯·科尔曼所谓的"社会资本"，认为人们一起为组织和团体共同目的的工作的能力，以及他们相互往来的能力取决于群体分享规范和价值的程度，能够将个人利益附属于更大的群体利益。"像如此共享价值的结果便是信任"（Fukuyama，1995，p. 10）。弗朗西斯·福山和肯尼斯·阿罗最为宝贵的洞见之一便是信任有很大的、可测量的经济价值，并且对经济组织有很重要的影响。"每个合约在一定程度上都有道德因素的考量；如果没有这些，则市场不能运转。每个交易都有信任的因素，通常一个价值目标在另外一个呈现之前改变……"（Arrow，1974，p.24）

然而，因为不论如何定义，信任的可操作化被证明是极度困难的（Williamson，1985，p.406），对变量进行实证分型依然受限。阿罗坚持认为，由于信任的不同，签约和监管替代模型的效力在不同文化中大有差异。部分由于福山式信任定义的流行，一些盎格鲁—美国传统的政治经济学家对分析日本经济系统的信任关系十分感兴趣。与之相反，日本人自己却沉迷于自认为的过度信任问题（Dore，2000，p.81）。在某种程度上，文化因素与信任关系的程度相关。然而，我们应该说即便在特定的文化或社会中信任的程度也差异甚大。

我们大多数人在某些我们承认社会主张的领域中间，由于承担日常私人角色，有时会长时间忘记社会主张，有时在某个机缘下又记起，有时会陷入短暂的痛苦，因此在某种背景下评价我们个体总体上说是不恰当的（Arrow，1974）。

从威廉姆森的"机会主义"视角看，像日本这样的传统经济模型中，信任和善意被慷慨地输入到成员中，这样的经济组织合作模型有其缺陷。这种缺陷主要是对"机会主义"的削弱效果少有组织回应。"这样的组织很容易被没有这些品质的代理人入侵和利用"（Williamson，1985，pp.64-65）。如果先前设计好恰当的保障措施，那么承受事后机会主义的交易收益（ibid，p.48）。换言之，我们应注意到，如果事前没有充分设计好保障措施，那么在经济交易中机会主义将可能出现，这是行为不确定性麻烦的来源。

第五节
结　论

本章审视了与监管活动相关的一系列理论和观点，考察了图 2.4 所总结的关系的不同方面。

首先，我们吸收后凯恩斯经济学强调"不确定性"的传统。监控者，如银行和政府监管者，都是在不确定性条件下运作的，本质上的有限理性又使得它们的活动极度难以开展。其次，依据"规则约束经济行为"，制

```
┌──────────────────────┐                      ┌──────────────────────┐
│ 银行作为出借者和金融中  │ ═══════════════▷     │ 公司作为借款者         │
│ 介、私人投资者         │                      └──────────────────────┘
└──────────────────────┘      监管：
   ▲                          在不确定性和有限理性条件下监管有其内在困难
   │
   │  监管（监督）：
   │  监管框架、给予银行以银行租金作
   │  为监控激励并非总是奏效。
   │  资本充足要求率要求并不总是导致
   │  产生一个合理的金融中介水平

┌────────────────────────────────────────────────────────────────┐
│ 监管部门、政府监管目的：（1）保障金融稳定；（2）维持并提             │
│ 升金融中介                                                        │
└────────────────────────────────────────────────────────────────┘

┌────────────────────────────────────────────────────────────────┐
│ 监管受到以下约束：（1）有限理性；（2）不确定性，使得我们的货币体系脆弱  │
└────────────────────────────────────────────────────────────────┘
```

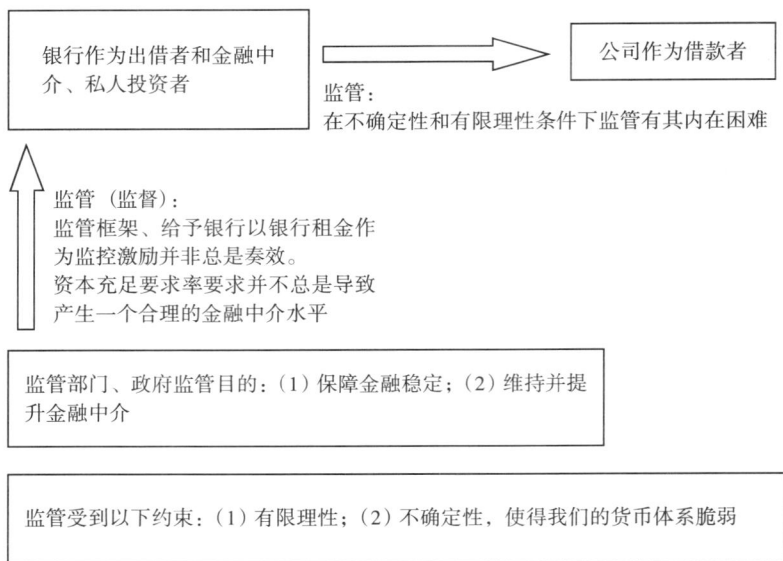

图 2.4　金融监管体系

度会有助于或有碍于审查和监管活动的效果。例如，银行相机性租金主义的效果或者资本充足率要求的效果取决于各个金融体系的制度设置和变迁。正如 Aoki（1994，2001）的研究，在资本主义经济体，各种各样专长于公司监管和控制的金融中介机构和代理已经出现，包括投资公司、证券交易所、商业银行、长期信贷银行、普通银行、风投公司、评级公司和会计公司、董事会、共同基金和养老基金、收购机构、破产法庭等。这些组织不仅在它们创造的金融投资工具上有所不同，而且在性质、范围和信息收集方向以及在公司治理中的结构也不同（Aoki，1994，pp.109-110）。在每个经济体我们能发现特定设置制度安排的演进根植于更广泛的制度。特定金融体系中各种中介结构的制度安排对这个体系所根植经济体的表现有显著影响。同时，特定金融体系的效率和效果会因为经济进步而随着时间改变。本章强调了金融体系中比较制度分析的重要性。

第三章
日本的传统金融体系与英美的金融体系特征

第一节
引　言

虽然历史、技术以及对承受风险的态度不同，但不同的金融体系有一个共同的特征，那就是在一定的地理区域内维持金融体系稳定有效。但是，由于各自的发展以及对环境的适应不同，形成了不同的金融体系。日本传统体系或称"银行主导"体系与英美金融体系有许多根本的不同。Aoki（1994）、Davis（1995）、Dore（2000）、Stiglitz（1994，2003）已经做了许多两者经济金融体系之间的实用比较分析，尤其是针对日本银行主导体系与英美证券主导体系的分析。

包括银行监管在内的任何金融机构的主要目标都是以下三点：①防止银行挤兑和货币恐慌，确保金融体系的安全；②通过银行或资本市场的金融中介动员储蓄，促进储蓄得到合理配置；③提供多种有效的金融服务。根据机构结构的组织形式，这些目标可能存在冲突。金融机构社会化以及承担不同类型的信贷风险的组织形式尤其重要。

经济研究著作已经在上述目标方面明确区分了英美金融体系与日本金融体系。前者是指英美证券主导体系或资本市场金融体系（Aoki 等，1994）。随着"股票市场资本主义"（Dore，2000）和新古典主义的现货市场模式的独立、公平交易，证券市场在筹集和分配金融资源中起着重要的作用。另一种模式即欧洲大陆和日本模式（Davis，1995）或叫日本—德国模式（Aoki 等，1994），作为"福利资本主义"（Dore，2000）和关系型融资的银行主导型体系，银行与公司之间有重复交易并且或多或少有着较为密切的关系（Aoki 等，1994）。下文第二节是英美金融体系特征的综述。第三节借鉴 Aoki、Okuno-Fujiwara 等对护航监管体系的解释，概述了前放松管制时期，日本传统银行主导的金融体系的特征。第四节分析了低调的"非正式"和"无形"的日本传统金融体系监管特征，填充了我们对护航监管体系理解的偏差。

第二节
英美金融体系

当日本屈服于美国放松监管的政治压力并试图达到一个收敛的英美金融系统的"公平竞争"的需求时，就已播下长期金融衰退的种子（Dore，2000）。20 世纪 80 年代中期，日本银行与美国银行的业绩形成了鲜明对比，美国银行体系的不良贷款累计受到储蓄和贷款（S&L）危机和拉美危机的重创。美国监管者的主要需求是引入新规则，尽量减少对国际竞争的限制并剥夺本国银行的主场优势。作为放松金融管制的手段，美国在 1984 年 BCBS① 倡导建立规范化的国际资本充足率标准，1987 年制订资本充足率要求的双边协议，1988 年提出《巴塞尔协议》。同时，继 1984 年日元—

美元特设委员会提出的建议之后，1985 年日本开始放松对定期存款率的管制（各类存款利率管制的放松在 1994 年完成）。在这一背景下，我们发现有趣的是美国金融监管的变化速度要慢得多。例如，1970 年就开始逐渐放松存款利率管制，直到 1986 年才完成。据悉，在上述委员会讨论期间，"日本不愿完全改革其传统金融体系，但美国在全面放松监管方面施加了很大的压力"（Osugi，1990，p. 8）。此类证据表明外部压力策动日本整体放松管制。当然，我们不应忽略日本监管者将国外压力作为政治手段以寻求自身放松监管议程的可能性。

截至 1999 年废除《格拉斯—斯蒂格尔法案》之前，英美银行业以及金融体系有以下几个突出的特征（见图 3.1）：

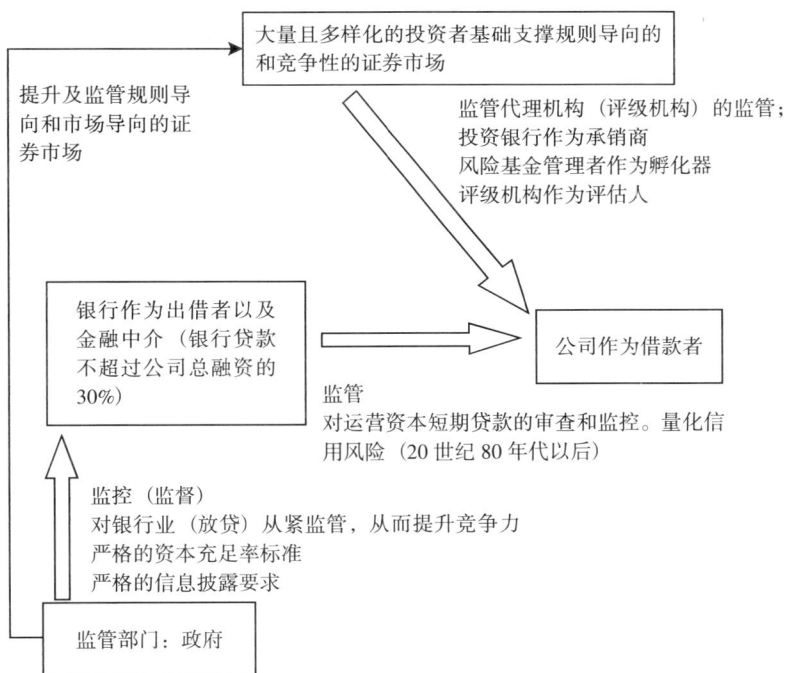

图 3.1　英美监管体系

（1）对商业银行（贷款）业务的严格监管以促进竞争。

（2）基于新古典主义预期，在以庞大而多元化的投资者为依托的市场主导机制下，具有竞争力的证券市场的发展将会导致更多的资金流动和资金更有效的配置。

（3）在信贷风险审查活动以及监管功能中，金融中介依赖员工的专业化和多样化。在该背景下，投资银行家作为承销商起着专业化的作用，风投基金经理扮演孵化器的角色，外部评级机构扮演评估者的角色。评级公司专门从事公司财务状况变动的持续监管，但它们的评估也影响公司从资本市场筹集新资金的能力。因此，评级公司也在证券主导的金融体系的事前监管方面起重要作用。

尽管实际上英美监管模式是以市场环境中投资者和银行分散监管为基础的，但它不能被简单定义为自由进出的银行体系中的自由市场。即使在美国这样一个提倡在其他行业市场化竞争和分配的市场主导的国家中，也不允许不受约束的银行（借贷）业务和竞争。美国的监管结构很大程度上依托 20 世纪 30 年代制定的银行业立法，尤其是 1933 年的银行法。《格拉斯—斯蒂格尔法案》是对 1930~1933 年一系列银行恐慌的直接回应。《格拉斯—斯蒂格尔法案》（是 1935 年银行法的修正）有三个基本要素：第一，它创建了美国联邦存款保险公司（FDIC），以确保存款账户。所有美联储成员银行必须强制加入联邦存款保险银行。第二，《格拉斯—斯蒂格尔法案》限制了对担保银行的运营。这些限制包括对存款利息支付的限制以及投行与商业银行的严格分离，以防止后者发行、交易或持有美国政府、一般国家机构和地方政府以外的证券。第三，与 1927 年发行的《麦克法登—佩伯法》一起，《格拉斯—斯蒂格尔法案》提高了银行准入壁垒，减少了银行间竞争（Boot 和 Greenbaum，1993）。

美国银行间市场竞争被监管者限制的悖论可以由美国监管者的观点来解释，银行业的自由市场将增加大型银行经济效应的集中度并产生对生产性经济的破坏性影响。Stiglitz（1994）指出，美国比其他国家更为关心在没有严格的政府监管时，银行发挥不当的经济作用。Stiglitz还指出，美国同期受到银行挤兑的困扰可能比其他国家更为频繁。另外，Stiglitz还指出可能已经限制了产品市场的竞争。银行处于协调决策制定的理想位置。此外，贷款人收取较低的银行利息以限制产品市场竞争，确保借款人不会破产。在该背景下，许多银行间的限制，如与州际银行业务相关的限制（如《格拉斯—斯蒂格尔法案》限制[2]）都致力于限制其经济权力的范围和界限，以此限制产品市场竞争。

对银行业务的严格监管意味着美国的银行不得从事不受约束的银行业务和竞争。因此，银行不能从事州际业务，例如，1978年，美国所有州都限制了银行州际业务。1994年，美国国会通过了《里格—尼尔州际银行法案》和《分支效率法案》，允许银行跨州扩展分行。但是，各州可慎重选择，不愿加入的州可以选择退出（Krol和Svorny，1996）。尽管实际上美国希望确保市场环境由投资者和银行分散监管，但银行体系依然受到高度监管。White（2002，p.137）继而指出在美国金融体系中，银行依然受到最严格的监管。但2008年的金融危机表明即使这种水平的监管依然有所不足。

最后，美国监管者习惯性地质疑放松监管将激励银行给风险更大的项目（偏好获取短期投机利益）过度贷款。S&L危机给美国纳税人造成了上亿美元亏损，它提醒了监管者放松监管的负面作用。资不抵债的S&L机构的破产和合并的资产规模约5400亿美元（Davis，1995，p. 166）。Stiglitz（1994）还认为由于在经济方面存在大量资源错配，S&L危机中政府的损失仅仅是总损失的一部分。作为S&L危机之后偿付能力的监管措施，紧缩的资本充足率要求基于美国监管者的保守传统。

我们认为在该监管形势下，美国银行的发展开创了一种为股东公开管理风险的新方式。从历史角度看，资本充足率要求被美国监管者概念化为防止银行对风险项目过度借贷的机制（Miyoda，1994）。在美国，权益收益率（ROE）一直被认为是衡量业务运营的重要指标。如果运营成本不变，银行管理者有两种方式提高 ROE。一种方式是通过杠杆扩张贷款资产，这涉及了借入资金，增加了贷款权重，为权益资本盈利。另一种方式是寻求更高的资产收益率（ROA）。ROA 是利润与总资产的比重（ROA = 利润/总资产），ROE 是利润与权益资本的比重（ROE = 利润/权益资本）。因此，资本充足率等于 ROA 与 ROE 的比（ROA/ROE = (利润/总资产) / (利润/权益资本) = 权益资本/总资产 = 资本充足率）。换言之，权益收益率等于资产收益率比资本充足率。因此，资本充足率要求防止银行通过杠杆扩张贷款资产，进而通过银行保持充足的资本提高银行体系的健全性，缓冲非预期信贷损失。

银行股东管理风险更合逻辑的方式是增加银行决策过程中的风险评估。美国银行开展信贷风险量化评估[3]是通过计算支持信贷风险活动所需要的资本总和，评估组合信贷损失的概率密度函数（PDF）。这一决策过程类似于在险价值法（VaR）。在险价值法是 20 世纪 80 年代末期在美国广泛应用的金融方法，它计算市场风险下经济资本的大小。换言之，美国银行已经应用了金融技术，这些技术可以计算出诸如互换、期权类金融市场产品和衍生品的波动性，同时量化信贷风险。在实践中，银行以非预期信贷损失的计量方法（如那些实际损失超过披露的预期损失的量），例如损失的标准差或预期损失与所选目标信贷损失分位数之间的差来计量投资组合的风险。

风险估算以及独立银行业务的发展与美国监管者对银行贷款业务的严格控制密切相关（Dymski，1999）。美国企业融资和银行贷款大部分是营运资本的短期合约，通过公司筹资的不到 30%。尽管如此，为防止银行挤兑，监管者坚持执行严格的资本充足率要求，以及 20 世纪 80 年代的传统银行披露策略。美国一直寻求与其他监管力度持续增强的国家有公平竞争的环境，这种需求源自美国监管者，他们担心更紧缩的资本充足率要求可能引起美国银行在国际金融市场中失去竞争优势。这就可以理解为什么美国监管者一直处于迫切希望制定巴塞尔国际资本充足率标准的最前沿（见

Miyoda、Eichengreen 关于 1988 年《巴塞尔协议》的历史观点）。

正如证券市场所担忧的那样，美国监管者接受了一个更为市场化的结构。证券市场不仅充满竞争而且是标准化的，它们还被一个缺乏保护的体系所监管。该市场的主要作用是充当金融中介。金融中介通过专业化分工起到信贷风险审查监管的作用。最终，该框架中的信贷风险以及不确定性被美国市场中大量多样化的私人投资者承担。作为资金的供给者，他们获取了投行或是风投经理打包的信息，因此承受得起信贷风险。这种相对较小的投资者有大量而多样化的基础，这是英美金融体系至关重要的基础。美国居民将证券作为偏好的风险资产的方式将在后文进行讨论。

凯恩斯预期理论认为可以客观计算投资风险，他还否定了投资或股票市场完全以非理性心理为基础的观点。两者的连接点在于动物精神。股票市场和投资普遍要求个人在对风险有充足合理计算的主动性方面具有动物精神。若盛行的动物精神使投资者无法承担公司的负面风险，那他将不能筹集资金。在瞬息万变的经济中，大范围具有动物精神的投资者的大量而多样化根基的存在对于经济活动的融资至关重要。只要该根基整体上保证了承担不同种类风险及不确定性的力度和能力，以这种投资基础为支撑的金融市场就会充满活力。英美金融体系通过银行筹资有限，而伴有动物精神的多样化投资者通过证券市场筹得了长期投资较艰难地区的资金。分析表明英美金融体系并不是普遍适用的，由于其他国家没有大量且多样的愿意投资于证券市场的投资基础，而这恰是英美金融体系至关重要的基础。

第三节
银行充当中介和监管者的日本体系

至少在赶超期（"二战"后至 20 世纪 70 年代中期），银行在日本金融体系中扮演了重要的角色，银行充当资金流动和配置的中介以及监管者。学术派传统地将主银行的关系定义为公司与最大借款银行（主银行）的长期关系。近期的著作，包括 Aoki 等（1994，pp. 3，126-128），阐明了主银行的作用，有其他贷款人代表的主银行在借款公司中充当准内部人，当借款人陷入还款压力时充当中间人。主银行是金融机构、企业和监管者使用的从业者的概念。我们可以说 X 银行是 Y 公司的主银行或 Y 公司的主银行是 X 银行。主银行体系的概念不仅包括了企业融资关系，还包括了最近所使用的各种监管以及与政府相关的行为，以及连接个人和商业企业、银行、监管者的机构合约（Aoki 等，1994，p. 3）。

银行作为金融中介和监管者具有重要的作用，这是该体系显著且持续的特征，尤其是在日本有以下几个显著的制度特点：

（1）银行租金或特许权价值的金融管制（Hellmann、Murdock 和 Stiglitz，1997）。

（2）主银行间相互监管合约的隐性代表（Aoki 等，1994，pp. 24-25）：主银行往往在其客户公司评估私人投资项目中起主要作用，而其他私人金融机构都依赖于主银行的信贷分析，而非自己监管公司的信贷（ibid，p. 118）。

（3）公司、银行以及监管者之间的非正式关系的一系列做法（Okuno-Fujiwara，1997）。

第一支柱：金融管制模型认为日本控制存贷款利率的监管有助于创造相机性租金，银行将作为金融中介获取该相机性租金。一方面，所谓的银行租金通过为银行创造特许经营权价值，成为银行长期运营的动力，只要银行有效监管公司和债务人，并管理好贷款风险，特许经营权的价值就会存在（Hellmann 等，1997，p. 170）；另一方面，银行租金通过增加中介机构的收益为银行创造了增加存款的强大动力。为解决这一普遍问题，日本财政部采取了"胡萝卜加大棒"的策略。"胡萝卜"是指允许新分支机构的扩张，并承诺了更高的盈利；而"大棒"是指监管不严以及谨慎性不足的银行就会面临相机性租金减少的威胁，银行的审慎监管是金融管制中非常重要的环节（Aoki 等，1997；Aoki，1994，p.129）。

第二支柱：日本的金融中介建立了一套特有的监管体系，Aoki 称为"集中的"监管体系。该体系与委托监管（由 Douglas Diamond 率先提出）有相同的假设：银行在监管中一般具有相对优势（Diamond，1984；Freixas 和 Rochet，1997，p. 29）。委托监管理论认为监管一般涉及规模收益的增长，这意味着如果很多项目都通过银行融资，那监管的基数就会集中在银行中，银行委托监管的成本就会降低。因此，日本集中监管体系中，主要银行监管客户的成本也会比银行贷款给企业的成本低。例如，银行有权运作客户企业的所有现金账户，监管现金流入流出的能力对于监管借款人是至关重要的。据了解，当满足以下条件时，集中监管体系才成立：

（1）委托的成本对于每个贷款人都是非常低的。也就是说，监管主银行的成本低于可以从贷款中获取的预期收益。需要注意的是，在日本，企业融资大部分采取双边贷款合同的方式，而非银团贷款④。但是，正如 Aoki（1994）所说的那样，银行主导的多元化的长期贷款合约是实际上的长期银团。需要注意的是，无论主银行愿意与否，或是公司本身决策是否依赖主银行作为借贷源，分散的长期贷款合同也就是实际的长期贷款银团形式都由主银行最初领导决策制定以扩大某些要求的投资资金的重要部分。其他私人金融机构和非主流商业银行（城市银行⑤）被视为事前将监管委托给主银行。正如 Aoki 所说，主银行具有这种事前能动性以及被其他机构在没有明确委托的前提下委以事前监管的信赖，这来源于主银行在事中和事后监管的重大作用。虽然 Aoki 没有强调，但实际上银团高度依赖各个当事人对提供以及披露信息的信心以及对涵盖了公司、银行和监管者的主银行体系的共同信任。

（2）对每个参与者而言，监管主银行的成本要比直接监管各自的部分要低。

（3）对主银行而言，监管借贷者的内部成本并未超出作为监管者的预期收益。预期收益包括在金融管制下维持其特许权价值、剩余以及相机性租金的收益。

（4）从宏观角度看，监管成本以及控制监管银行的成本都没超出获取监管和控制借款者的规模经济收益以及在该体系中投资项目所获得的收益。

集中监管所依托的金融管制政策承担了银行监管者监督指导主银行的职责。实际上，银行监管者密切参与了银行的运营，以维持银行的有效力，从而达到维持金融稳定的最初目的。在日本，20 世纪 90 年代中期之前委托监管的成本也就是贷款人委托监管者监管主银行的成本几乎是忽略不计的。低廉的委托成本源自护航体系⑥，该体系是日本监管者保障强有效监管力度的奖惩机制的基础。监管力度源自日本财政部银监局自行检查银行账户的有效性。当银行管理不当需要大力监管和资产重组时，财务部就发挥了战略性作用。具体措施如下：

（1）财政部可以安排一位已退休的德高望重的财务官员作为指挥者或主席。

（2）财政部可以影响与分红支付有关的银行决策。

（3）财政部可以调解大型银行收购有问题的小型银行（例如，1965 年住友收购河内银行，1986 年收购和平互助银行），同时鼓励城市银行的发展，增强竞争力。

因而，有效的惩戒机制为监管者能够有效监管主银行贷款组合创造了可靠信念。至少给每个资信良好的银行这样的印象：管理不善的银行在陷入更严重的危机之前就会被处罚。这是日本集中监管体系保障较低的委托成本的重要基础。

第三支柱：主银行的监管结构的五个方面：①保持较低的存款利率，并维持实际利率为正；②限制对特权公司发行债券，制约二级债券市场的发展；③限制银行准入，同时禁止银行从事承销以及经纪业务；④管理银行营运指标奖惩，例如分行许可证、行政人员的调度等；⑤根据产业的战略重点和借款企业的市场绩效，分化行政指导贷款利率。

Okuno-Fujiwara（1997）所描述的关系型监管规则的发展演化表明监管者与银行间密切的"信息共享"的重要性，财政部和指定银行作为"内部参与者"有权影响决策并且可以于事后灵活商榷规则（Okuno-Fujiwara，1997，p.375）。Knight（1992）指出，有效的机构通过以下两点的结合确保履行：①其他参与者选择的信息；②对违规行为的惩戒威胁。关系型结构的灵活性可以有效应对共享信息并避免违规情况的发生，这些违规行为会影响有针对性的资源分配制度的实现。我们将在后文详细阐述这独特的关系型护航金融体系。

第四节
护航监管体系的无形与非正式制度特征

根据 Aoki、Okuno-Fujiwara 等描述的护航体系，图 3.2 总结了传统日本监管体系中不同的特征。

如第二章所言，贷款者或者投资者的监管行为在不确定的条件下会有本质的差别。我们要思考的问题是，日本传统金融体系是如何处理贷款者的不确定性并维持适当的金融中介水平。这部分将聚焦未被现有的护航监管体系研究者所关注的潜在机制。

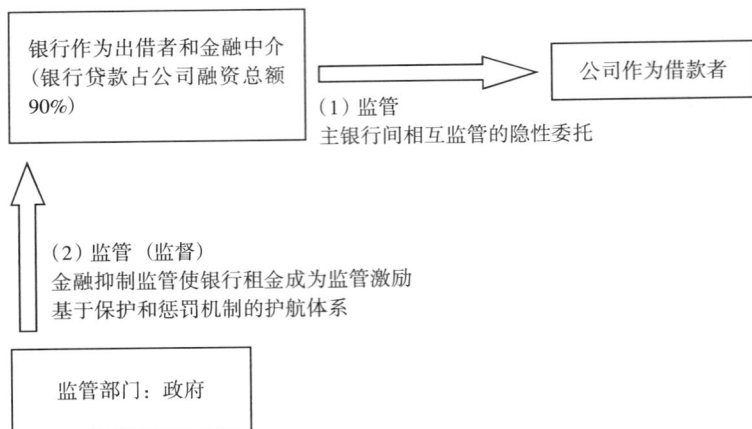

图 3.2　日本传统护航监管体系

一、处理贷款者不确定性的机制：日本信贷风险管理办法

我们聚焦日本资金型监管体系中重大却被遗弃的特征。首先是非算法监管模型，这种监管建立了日本主银行与客户之间的长期伙伴关系，在主银行全盛时期，银行很大程度上参与了客户的日常运营。该背景下，与成文算法相比，非算法对长期关系以及通过信贷审核的长期经验累积增加的专业知识的依赖更强。

Shiro Yokoi，这位德高望重的日本银行家（长期信贷银行原总经理）率先提出了所谓"限制追索权贷款"或称为"项目贷款"。该议程下，在协调项目关联方复杂的利益，保证预计现金收益稳定方面，贷款者将承担一部分项目风险。这要求具备大量限制追索权贷款技巧并评估相关风险。所以，承担高风险也将获得更高的跨期保证金。有趣的是，虽然 Yokoi 在其《项目贷款》一书中谈到了风险，而贷款者对于"完全无风险"的信心（至少在主观层面）是其接受包括援助活动在内的任何贷款申请的先决条件（Yokoi，1985，p.272）。事实上，在主银行的全盛时期，日本银行家在审查评估过程中并没有使用违约可能这一概念。以银行为基础的非算法型推崇的是一种"全部或无"的信贷风险评估方法。

非算法型的基础是什么呢？Herbert Simon 的有限理性概念认为，人类做出正确决定的原因是正确的直觉和正确的判断（Simon，1983，p. 200）。

直觉是什么呢？它是一种显著的事实：人们有时会突然找到解决问题的方法。这时，人们就会有不同程度的意外的感觉。这是一种真实存在的现象，而且，人们凭借直觉判断解决问题的办法通常还是正确的（Simon 1983，p.201）。

许多高管认为 Simon 的直觉决策过程是有道理的。关系型银行体系中决策制定的非算法的本质与 Simon 所描述的直觉决策类似。在主银行体系下，经验丰富的日本银行家凭直觉形成特定的信贷风险，而缺乏经验的从业者往往无法识别那些隐藏了巨大损失的客户的问题。有时，不管缺乏经验的从业者的建议正确与否，经验丰富者也会产生质疑，并会检验隐藏流动性问题的公司的账户盈亏。

日本银行家是如何形成可靠的直觉性监管形式的？定义上，非算法决策的大量特征是不成文的，我们知道它的成功有赖于一定的先决条件。Simon（1983）指出了"直觉合理性"的两个有趣特征：第一，直觉只有在人们掌握了一定知识时才会出现。Simon 提到了 Henri Poincare，他认为灵感只会出现在"有准备的大脑"[⑦]。第二，获取直觉需要强化学习实践。Simon 提到了 John R. Hayes 收集的关于国际象棋大师、作曲家、画家以及数学家的实证数据。Hayes 发现基本所有人都是在投入了 10 年以上学习实践后才达到世界级水平（Simon，1983，p.203）。这两个条件都在日本战前银行金融体系中有所体现。

日本监管体系有赖于长期伙伴关系的培育。日本银行管理者绝大部分依赖对实际现金流与预期现金流的分析来评估信贷风险。分析过程需要一定的专业知识来监管客户。主银行有权强制开放其客户公司的活期存款账户以清算其支付交易。借款者应付账款的本票和支票提交给了银行，银行管理者负责监管借款者的资金流出。同时，贷款负责人几乎每天接触客户的应付账款账单，从而达到监管借款者预期资金流入的目的。监管客户资金流的职责对主银行而言是非常重要的，否则，它将不愿意发挥孵化器和合伙人的作用。大部分公司向主银行咨询现金管理和营运资本。必要时，主银行会传授现金管理技巧；客户预期过于乐观时，银行将给予警告。监管动态资金流所产生的伙伴关系策略会对日本主银行管理者支持客户公司产生积极的激励。同时，伙伴关系提高了银行的监管能力，从而能够更好地进行信贷风险的直觉评估。

主银行在日本经济中的核心作用也吸引了高等学府的毕业生。银行的员工质量优异。银行所倡导的道德规范鼓励管理者以及贷款人员不仅仅只追求商业利润，还要评估客户及其业务的社会价值，并支持对客户和项目社会利润的考虑。

虽然非算法监管仍旧依托非成文的判断，但是这些判断往往经得起结果的考量。这就是日本传统银行体系中银行家的关系型非算法监管技巧能在反复尝试的过程中得以发展的原因。在日本，实用比理论重要（Nishi-da，1958，p.125）。评估投资的非算法方式需要反复尝试，在日本，这种方法往往受到高度尊敬®。另外，非算法监管存在失误的风险，但是这是包括算法或方程式评估风险在内任何一种管理方法都存在的风险。真正的问题在于哪种方法对于系统失误更为包容。非算法体系可以对管理质量做出判断，而公司的资产负债表和现金流量表的可测性特征不会减少。然而，日本金融体系中，绝望的借款者有时会有更长久的进展，这是因为银行管理者对其管理的评判比最终结果要好。这就会导致最终的违约成本高于提前终止贷款的成本。但是，银行租金为日本主流银行长期有效管理贷款创造了时间与动机。另外，关系型非算法监管方法需要通过反复尝试得来的判断技巧以及对不同公司管理才能的知识，银行租金为其发展提供了便利。银行通过有效管理贷款所获得的利润以及特许权价值为员工发展非算法监管模式提供了动力与时间，反过来又有助于银行利润和长期声誉的提高。

在以关系融资和重复交易为特征的日本传统主银行体系中，主银行在金融资产配置以及确保资源合理运用方面具有重大作用。就这一点而言，直觉或许不是关系型银行业的决定性特征。相反，它可能成为贷款者密切参与公司运营的决定性特征，而且信息获取使得借款者难以玩忽职守。在该体系的全盛时期，主银行是借款公司的准合伙人。"二战"后的日本，与主银行有密切的关系被视为公司融资战略的基础，是公司成功的关键。当然，战后的企业集团①体系中，主要的商业银行作为参与其中的主银行所起到的作用相当独特，它源于相对独立的财阀体系（Aoki 等，1994，p. 42）。但是，在整个战后时期以及从 20 世纪 70 年代中期起，经济增长速度调慢，众多先进日本产业达到国际科技水平，占领了市场前端，主银行都是以准合伙人的身份参与客户公司的筹划，尤其是集团公司。银行往往作为潜在的企业家，对集中内化企业核心业务、提高集团竞争力具有重大的战略性意义，并对解决企业临时危机有重大作用。可以看出，主银行管理者往往采取合伙人战略，而不仅仅是组合管理投资战略。

二、银行租金是向新企业潜在转移的源头

除了非算法监管类型以外，盛行于银行体系中的财政部门租金对培育新企业也起到了重要作用，而它的作用在传统租金型监管的日本往往被低估。财政部门为新企业融资扩展了新渠道，通过集合监管技巧以及金融中介的知识，树立了贷款者的信心。

在封闭的金融体系中，大型借款者都需要支付比国际金融市场更高的跨期保证金。银行赚取超过保证金的租金部分。在日本金融分化之前，贷款利润尤其是长期主要贷款利润被牢牢控制，稳定在高于长期信贷银行发行的五年期债券息票利润 0.9% 的水平。三家私人长期信用银行——日本兴

业银行（IBJ）、长期信贷银行以及日本债券信贷银行（NCB），是由战前特殊长期信贷银行再资本化或直接转变而来的。它们是完全私人的银行，却在特定的法律下运营（长期信贷银行法），为获取稳定的资金来源，它们有权发行银行债券（五年期）。

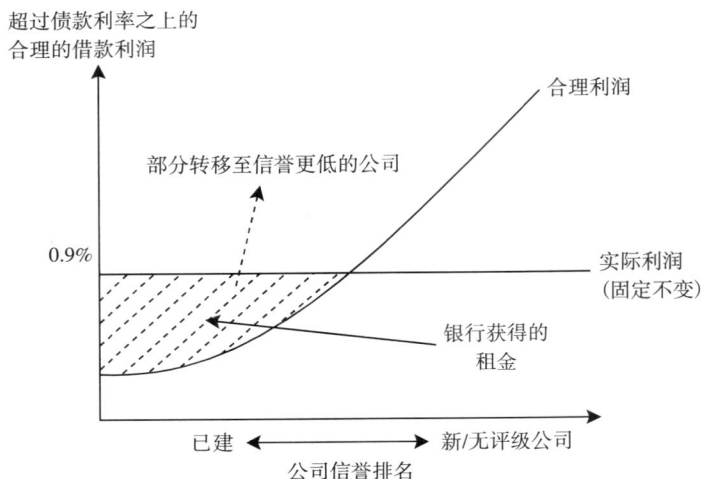

图 3.3　银行租金转移至信誉更低的借款者

　　图 3.3 说明了通过固定贷款利率下租金转移培育新企业以及合资企业的机制。一家公司的借贷利率以及借贷预期违约概率（EDF）使我们能够对超出债券息票利率的利差进行一个粗略估计，单纯从市场角度看，债券息票利率作为公司的借款利率是合情合理的。我们可以画出关于信誉连续良好类别（由银行根据公司管理质量以及项目的预期收益进行判断分类）的公司合理的借款利率与债券利率利差的曲线。预期表明，信誉良好的公司可以以仅高于债券利率一点的利率取得贷款（小于法律规定的 0.9% 的利差），而新公司扩展新项目则以远高于债券利率的利差借款（参见第四章第三节的表 4.4）。在封闭的金融体系中，如果大型公司不能融入国际金融市场，大型借款者的要求利差与长期信贷银行规定的利差之间的差别产生的相机性租金就会被银行获取。[10]同时，新兴企业或小企业的要求利差与

长期信贷银行规定的利差之间的差别会通过租金转移被弥补，因此，如果新型公司试图在国际金融市场上筹资，实际利率要低于支付的利率。这样一来，租金转移会达到公允，有助于培育新型产业和新技术。

这种资金管理机制削减了逆向选择或道德风险的影响，Stiglitz 和 Weiss（1981）认为，随着借款者利率增加，将导致只有风险偏好型借款者和无偿还意向的借款者才会继续借款。然而，封闭的金融市场将借款者局限在国内贷款市场，为新兴企业以较低利率融资创造了机会。从贷款者的角度看，相机性租金对承担"风险资本"具有缓冲作用，较低的利率有助于增加新投资项目成功的可能性。

另外，由于银行集中精力于大型借款者以获取更多租金，审查监管新企业的动机就会削弱。这一问题在赶超期的日本还不是非常显著。在日本主流银行关系融资体系中，主流银行在金融资产配置以及确保资源合理运用方面具有重大作用（Aoki 等，1994）。上述租金转移机制很好地适应了"二战"后银行与企业协同复兴的情况，巩固了后来的日本股份有限公司。

为有效配置金融资产并维持金融稳定，解决贷款者的不确定性是难点也是重点。借贷市场中逆向选择或道德风险问题与贷款者的不确定性有复杂的关系。例如，日本企业集团体系鼓励主银行放松贷款，就会产生道德风险问题。在这个例子中，租金对保障银行尽职管理以及资金合理配置无效。另外，合伙人战略下主银行租金的转移机制有助于培育新兴企业。因此，尤其在日本特殊的赶超时期，公司与通过银行培育企业的金融中介之间的差异形成一个权衡。日本的关系型银行运营增加了银行租金产生积极影响的可能，这就是检验特定背景下的条件机制十分重要的原因。

三、日本背景的关键特征

在"二战"后的日本赶超时期，日本监管部门财政部、央行与银行业之间产生了一种独特的关系，我们称为护航系统，指的是财政部领导一系列银行的作用。这实质上是主银行系统及其筛选、监测和租金管理与转让的机制。Patrick（1998）指出，当时，日本央行服从于财政部，并没有独立性。护航体系的基础包括保护和制裁机制（Aoki 等，1994，p.30），鼓励日本主银行作为金融资源配置的有效中介和监管者在赶超时期发挥重要作用。另外，该系统有非正式的关系型制度的行事方法，财政部和一些指定银行作为业内人士有权影响决策，协商规则甚至事后灵活改变规则（Okuno-Fujiwara，1997）。在日本特殊背景下，政府与私营部门密集的关系网使政府基于关系的模式处于限制潜在的信息损失的中心。这样一来，政府的导向作用及其事后修改政策的灵活性极大地促进了私营部门的期望，并带来更多的长期投资。

在护航体系的鼎盛时期，主要的财务失败是可以避免的（Aoki，1994；Patrick，1998）。实际上，"二战"后的监管体系的本质是保证银行不会倒闭，所以他们的管理层、股东和存款人都受到保护。在此系统中，不允许利率竞争，其他形式的竞争也是有限的。此外，监管机构（财政部）通过限制现存城市银行设置全国性分支机构，从而控制新入市银行的地位。事实上，虽然日本城市银行分支机构的数量从 1957 年的 1765 家增加至 1991年的 2989 家（Aoki 等，1994，pp.28-30），但是自 1953 年以来，城市银行的数目较小（不超过 15 家银行）。这样的体系完全避免了过去可能导致的严重的道德风险问题，因为财政部对银行活动进行监督，可能强制并购并在需要时变动管理层。例如，为维护金融稳定，财政部保留调解大型城市商业银行收购陷入困境的小型银行（例如，1965 年住友收购河内银行，1986 年收购平和崇光）和调节城市银行并购的权力。在这个制度中，大型银行通过获取分支机构的特许权价值充分弥补了收购陷入困境的小型银行所带来的损失。Patrick（1998，p.5）指出，这些共谋的安排是基于财政部行政指导、定价、保护和制裁的领导。至少，在"二战"后和赶超时期，以租金为基础的护航系统通过约束竞争维持了金融体系稳定，同时避免了严重的道德风险问题。

当然，"二战"后日本经济的快速发展可能大大降低了日本银行在这一时期所面临的信贷风险。尽管如此，我们认为，财政部和各大银行之间密切共生的关系有助于减少借贷双方的不确定性，使筛查和监管实现信息共享，使长期投资决策能够基于对经营质量的判断，并实现新的技术和企业的孵化。例如，我们可以看到长期信贷银行如兴业银行和长期信贷银行在"二战"后赶超时期在运营中的作用。特别是，兴业银行发挥了重要作用，不仅作为银行业的代表游说监管机构，也作为准内部人员通过协调国民经济利益和宏观经济，在银行业代表监管机构。

这些银行与日本开发银行合作（JDB），发放长期贷款。日本开发银行是政府的开发性金融机构，致力于重建基础设施以及发电、钢铁、煤炭、化肥、航运和造船行业发展。它们的贷款政策体现在国家经济战略上。兴业银行提供产业战略与工程相关的判断，提高了城市银行作为事实上的财团联合融资方评估客户企业的管理水平的能力（Aoki，1994，p.33）。此外，兴业银行相对于财阀企业集团的中心地位，有助于发挥跨部门兼并的中介作用，如1970年富士钢铁公司和八幡钢铁的合并，产生了世界上最大的民营钢铁公司——新日本钢铁。众所周知，1965年，兴业银行通过游说和安排日本央行进行专门借款，在抢救山一证券的第一次危机时发挥了重要作用，从而维护了金融稳定。作为一个整体，兴业银行在"二战"后赶超时期，在金融资源配置与集中技能筛选和监管借款人方面发挥了独特而重要的作用。

Okuno-Fujiwara 介绍了日本政府业务关系的模式，他表示该模式强调事前的政策规则和事后的协商修改（Okuno-Fujiwara，1997，p.374）。这种模式可以应用于日本监管部门和我们称为护航系统的银行业之间的独特关系。Okuno-Fujiwara（1997）区分了规则型和关系型（以及独裁型）政府，观察了：①政府各部门之间的职能分离程度；②政府管辖下各政府部门的集中程度。前者是指政府、立法机关、行政机关和司法机关不同机构的自治权。例如，美国的政府职能高度分离。相比之下，日本政府决策层职能分离的程度要低得多。管辖权的集中是指各行政机关内部决策的集中，特别是政府行政部门的集中。机构的管辖权越集中，其决策的一致性越高，中心的潜在信息损失也就越大。

日本政府体系的特点是政府部门之间职能分离程度较低，各部门之间的管辖权集中度较低。这使得关系型政府通过发展与私营部门分散而细致的关系，弱化严重的信息问题得以发展。同时，"二战"后和赶超时期的功能分离程度较低，使行政部门在多样的规则上有更大程度的事后弹性。这反过来又基于较低的成本纠错，鼓励借贷双方进行长期投资，使关系型体系得以运作。相比之下，英美规则型政府是基于政府部门之间职能的高度分离，但每个分支机构的管辖权又显著集中。三权分立使体系"以规则为基础"，由于没有事后的规则调整，集中的管辖权使规则能够有效实行。私营部门根据现行规则制定长期战略。当相关政策的稳定预期实现，该体系可通过私营部门的微创新取得更好的成果（Okuno-Fujiwara，1997，p. 377）。但规则模式的成功取决于作为主要承担者以及风险和不确定性的吸收剂的私营部门的能力。

虽然该模式没有强调，但需要注意的是，如果没有对政府职能和执法能力的适当信任，任何治理模式都是行不通的。即使在规则型体系下，私营部门对政府提供合理和适当的"安全网"，以及在承诺执行方面的作用的信任也是至关重要的。民众对政府将有效执行的预期支撑了模式的稳定，鼓励了私营部门发展技能，也鼓励了机构处理其他类型的风险和不确定性。私营部门处理社会化风险和不确定性的能力是英美规则型监管模式保持活力的先决条件。相比之下，日本的关系型监控模式以缔约方之间长期反复交易形成的信任为基础，这种关系型信任无疑有助于日本在"二战"后赶超时期取得成功的经济绩效。

四、银行监管的理想结果：观众效应

毋庸置疑，银行监管的核心目标是：①保证金融稳定；②促进健全的金融中介。我们认为，银行监管必须平衡银行（贷款人）作为金融中介机构的作用以及作为配置金融资源的监管作用，防止它们在信贷风险评估时，在不确定的条件下承销不良信贷。同时，监管层必须通过政策保护防止"传染病"，不给银行带来可能导致有效监管失败和道德风险的不利激励机制。在这里，我们应该注意到，几乎在任何类型的金融结构中，银行监管机构都密切参与银行的运作，以保持有效的监管权力。正如管制经济学派所强调的，银行监管对银行管理者行为以及银行业特征的影响都至关重要（Freixas 和 Rochet，1997，p.257）。事实上，几乎每一个有发达的银行体系的国家都或多或少存在银行监管。

什么是实现金融稳定最合理的财政政策一直备受争议。作为防止危机的关键方，Eichengreen（1999）围绕"信息披露"，建议减轻监管部门、银行和借款人之间的信息不对称，从而加强市场规范并帮助决策者识别正确的措施。日本的许多分析家都赞同信息披露。然而，信息披露总是有帮助的吗？

银行业是一个信息密集型产业，需要审查借款人的金融交易、现金流历史和持续的信贷关系。评估借款人承诺回报的许多相关信息的无形或隐性的性质使得它几乎不可能被简单的成文规则完整地传达给市场或其他贷款人。因此，银行违约和潜在的传染性运行的系统性风险无法避免，这也无法通过普通拍卖市场机制解决。所以，金融监管和政府干预是维护金融稳定的关键。考虑到金融市场中信息的具体性质，应该如何处理关于评估银行潜在偿付能力以及资不抵债的信息？

有趣的是，在1997年亚洲金融危机的背景下，Satyanath（1999）关注了信息完全披露的复杂性和约束性，认为如果银行打算通过不可靠的渠道公开信息，特别是在破产的边缘，银行将面临严重的银行挤兑风险，而如果银行通过私人渠道将这样的信息传达给政府，政府可以制定相应的货币政策应对该信息，而不会导致成本高昂的挤兑。

Elster（2000，p.36）引用 Satyanath（1999）的观点，突出了银行通过私人渠道可靠地告知监管者而不公之于众的重要性。这种可靠的封闭式渠道对金融体系非常重要，使之能够及时发现问题，并试图在银行真正资不抵债之前解决银行偿付能力的问题。监管机构与银行之间的信息披露并不总是有效的，因为它的前提条件是 Elster 所谓的观众效应，也就是"我们可以公开宣布退出以此增加自身成本，通过羞愧和声誉损失来增加恢复声誉的成本以提高赌注"。例如，Nishimura（1999）指出，1995 年财政部公布了由日本银行持有的不良贷款数额约为 40 万亿美元，而之前的公布仅为 13 万亿美元。这是因为不良贷款的定义和范围发生了变化，不良贷款不仅包括那些已经暂停偿还的贷款，而且还包括已减息或免息的贷款。此外，该定义的范围不局限于 21 个主要银行，还包括所有存款机构。这种披露本身是合理的。然而，正如 Nishimura（1999）所言，这种突如其来的公告引发了公众对财务部披露过程的更大质疑，从而增加了公众对金融体系的不信任。

无须多言，银行和银行监管机构之间的保护机制也可能导致潜在的道德风险问题。正如前面提到的，监管结构必须防止银行和监管机构凭借自身优势滥用职权。金融系统该如何处理上述微妙的关系？在美国，虽然美国银行所扮演的角色主要限于应对营运资本需求的短期贷款，监管机构依然持有传统保守的策略，执行严格的资本充足性要求和披露规则，以防止银行挤兑。这种结构限制了与偶尔出现的银行破产相关的信息的负面效应。虽然受影响的银行可能会破产，但其对宏观经济的影响是有限的，因为银行在美国的金融体系中所发挥的作用是相当有限的，在美国，不鼓励银行做出重大承诺，不鼓励银行向特定企业或集团进行披露。相反，鉴于日本银行在企业融资方面的优势，由于观众效应，与日俱增的信息披露压力暴露了日本银行体系越来越高的经济政治风险。

在全盛时期，日本关系型银行体系基于封闭的（私人）信息共享渠道，使监管者和准内部人之间的信息超越监管者与被监管者之间的普通传输，实现了高效传输。在护航体系中，共享信息的私人封闭渠道基于连接了日本金融机构的特定社交网络关系。

日本各大银行，特别是中长期信贷银行的建立是为了调整社会和经济基础设施重建的长期资金，人力资源作为重要的投资，积极招募高等学府精英，以维持金融机构的稳定。例如，Okazaki（1995）称，20世纪60年代后期之后超过20%的东京大学经济系毕业生进入了银行业，与进入制造业的比例相同。1986年，长期信贷银行雇用了53名新毕业生，其中43人毕业于前五所著名大学：东京大学、一桥大学、京都大学、庆应大学和早稻田大学。他们被分配到关键岗位，与财政部形成密切接触并与政府中有相似背景的人紧密沟通。所谓的财政部（MOF-tan）的任命，就是负责与财政部进行日常的信息共享并负责游说财政部，这是扩展前景，成为银行业顶尖人才的路径。财政部人员的主要作用如下：

（1）提供财政部官员需要的信息。

（2）收集和分析财政部官员预测方向和金融政策法规变化的信息。

（3）进行非正式谈判，修订草案初稿，补充现行法规。

（4）推进必要的审批。Patrick（1998）指出，护航体系的维系，有赖于所有银行的资产以相同的速度增长以及相对排名的稳定。

（5）核查检查司的时间安排和策略。该职能与关系型体系密切相关，至关重要。其重要性源于这样一个事实：银监局的检查司保留有效管理银行的权力。另外，事实上，这是一个严密的管理过程，显示了有效的关系如何避免高昂的交易成本，并允许银行有足够的时间来准备接受自愿信息披露式的检验。

尽管关系型银行体系在历史上是成功的，但 1997~1998 年金融危机期间，日本监管者为什么出现了问题？为什么日本监管机构未能提供适当的指导或使用事后调整，克服后泡沫时期的具体问题？尽管他们已经了解到一些大型银行近乎破产，为什么监管机构选择了无情地放任这些银行破产，而不是像过去一样帮助它们克服问题？在第七章我们会讨论这些问题，并讨论 Okuno-Fujiwara 模型遗漏的一些关于日本政府—商业关系的重要问题。

首先，我们应该注意到，即使在英美金融体系中，并非所有的信息都是公开的。美国的金融业和政府之间也存在有效的私人和封闭的信息渠道。例如，进入著名的常春藤联盟的"老男孩"网络被认为是在美国取得商业成功的关键。这就是日本政府和许多日本公司常常派它们的员工和官员来美国的商学院读 MBA 的原因。具有讽刺意味的是，Dore（2000）称，这促使日本适应了美国的发展模式。据他介绍，美国的主导地位稳步上升，因为日本经济部门中，受美国教育、从美国毕业的博士以及 MBA 占比稳步上升。其次，业内人士接受采访时表示，华尔街有一个非正式的俱乐部，为防止过度的竞争，仅限部分成员之间交流信息。特定产品市场，如新兴市场债券或问题贷款（二级市场交易大量贴现的贷款），特别倾向非正式的子系统，因为这种类型的市场自然垄断并且玩家暗中协商。最后，华尔街和美国财政部之间有密切关系，包括频繁的人员往来。例如，Wade 和 Veneroso（1998）提到了 Jagdish Bhagwati 在被问到为什么国际货币基金组织到处寻求放松金融管制时的意见：

华尔街在谋求市场方面有非常强大的影响力。摩根士丹利和所有大型企业都希望能够进入其他市场，并将资本账户的可兑换性视为扩大范围经营的必要条件。过去有"军事工业综合体"，如今有"华尔街—财政部综合体"，因为有像 Rubin 这样来自华尔街的财政部官员……

然而，封闭的信息交流在两个体系中有不同的功能。在护航体系中，这些信息流是系统正常运行的重要组成部分，它们确保了系统行之有效。在英美体系中，大部分封闭的信息交流是非法的。一方面，这些渠道和关系可以起到为监管机构提供非正式的监管学习的机会，以此协调制定政策的利益。另一方面，当封闭的信息流出现在美国规则型结构中时，往往会导致决策的扭曲，因为许多相关方可能获取该信息。这会对非生产性寻租活动[⑪] 产生强烈的刺激，因为政策决定容易被非正式的游说活动扭曲（Okuno-Fujiwara，1997，p.398）。

五、结 论

综上所述，日本传统的护航体系有下列正式和非正式的制度特征（见图 3.4）：

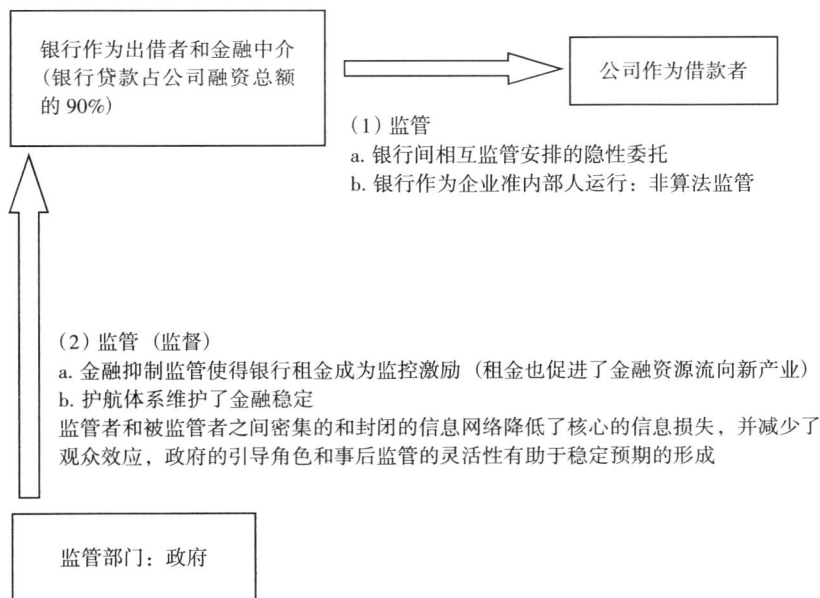

图 3.4　日本传统的金融监管体系

（1）主流银行作为准内部人员参与客户公司的经营和管理。

（2）银行租金激励了关系型监管，为新兴产业融资提供了便利渠道。

（3）监管机构之间密集的信息网络，使政府能够减轻潜在的信息损失，并降低"观众成本"。

（4）政府的引导作用及其事后调整的能力增加了长期投资借贷双方的预期。

第四章
经济环境变化和制度变迁

第一节
引　言

　　为何传统的日本监管模式变得没有效率？在制度方法的语境下，问题可改述为探求为何体系内的交易成本越来越高。第二节旨在概述经济环境的变化以及监控相对成本的相关变化，这使得传统金融和监管体系逐渐失去效力。我们探讨的要点总结如下（见图4.1）：

　　A. 相对监控成本的变化

　　（1）产业结构的变化/赶超型经济范式转换成为前沿型经济→仍然依赖银行贷款的贷款者面临很大程度的根本性的不确定→增加了监控成本。

　　（2）日本经济的国际化→增加了监控成本。

　　（3）金融区监管化→减少银行租金机会（见图4.2），租金机会给银行承担长期监控代理角色和金融中介角色以激励。

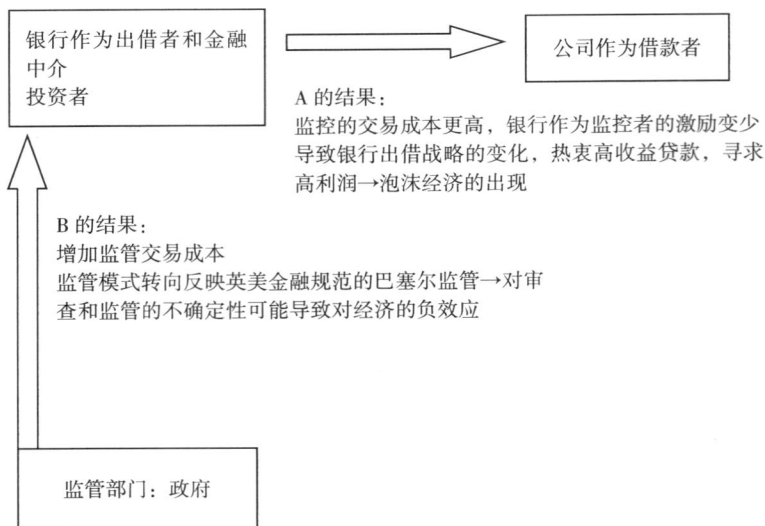

```
┌─────────────────────────┐          ┌─────────────────┐
│ 银行作为出借者和金融      │ ═════▷   │ 公司作为借款者    │
│ 中介                     │          └─────────────────┘
│ 投资者                   │
└─────────────────────────┘     A 的结果：
      ▲                          监控的交易成本更高，银行作为监控者的激励变少
      ║                          导致银行出借战略的变化，热衷高收益贷款，寻求
      ║                          高利润→泡沫经济的出现
      ║   B 的结果：
      ║   增加监管交易成本
      ║   监管模式转向反映英美金融规范的巴塞尔监管→对审
      ║   查和监管的不确定性可能导致对经济的负效应
      ║
┌─────────────────────────┐
│ 监管部门：政府            │
└─────────────────────────┘
```

图 4.1　日本传统金融监管体系交易成本增加的影响

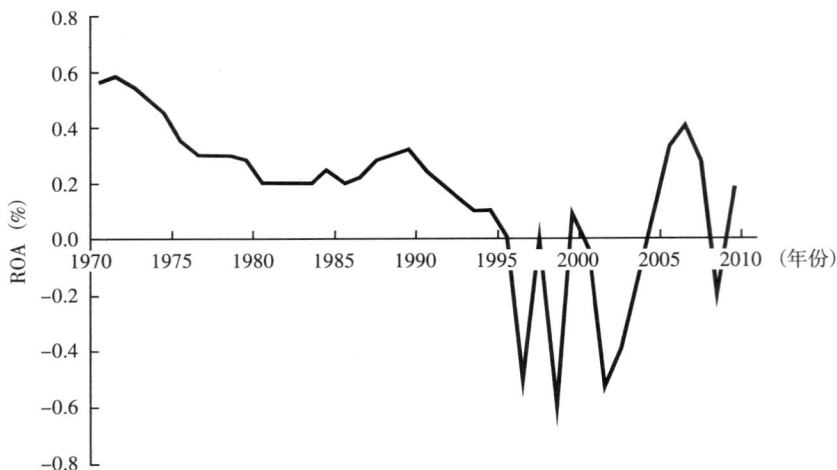

图 4.2　日本银行资产收益率

资料来源：EPA 1999，p. 245，BOJ Time Series data etc.

B. 日本监管部门相对监管成本的变化

（1）技术变迁/金融工程和金融产品创新→监管成本增加。

（2）国际化/全球化→监控成本创新。

（3）加速金融去监管化的国外压力。

日本被激励放弃它传统的金融体系，转而采用美国提倡和宣传的英美式金融去监管化。另外，日本一直在向采取英美监管体系作为减少传统监管体系增长的交易成本的制度迈进。但是转向英美监管体系真的能解决传统的日本监管体系所面临的问题吗？第三节探讨引进英美式程序化的信用风险监控和资本充足率标准监管模式的局限性和武断。第四节讨论日本金融结构中风险资本的稀缺性，而这对于其转向英美证券主导型金融体系是必要的。我们认为转型并没有考虑如何处理"出借者"不确定性问题，这限制了金融资源的有效调配，给经济带来负效应。因此，这种计划不周的转型又进一步恶化了日本金融中介结构问题。第五节对本章进行总结。

第二节
经济环境变化影响日本传统金融监管体系

考察传统的日本金融监管体系如何变得没有效力的方法之一便是研究传统体系中制度结构的交易成本增加的原因。为此目的，本节的阐述围绕传统监管体系的经济环境变化以及相关交易成本的变化。我们应该注意到早在 20 世纪 70 年代日本银行资产收益率（ROA）就已经一直在下降（见图 4.2）（Suzuki，2002，p.228）。

银行业务国际化和去中介化[①] 导致了激烈的放贷竞争，而激烈的放贷似乎又加速了这一趋势（EPA，1999）。受监管保护体系保护的银行利差，包括银行租金机会被侵蚀，因为去监管化带来了日益增加的竞争。金融市场外资机构的出现加剧了这种竞争。尤其是，资本市场挤压银行资产负债表两端。在资产端，增加的资本市场融资削弱了金融中介机构的信贷需求。在负债端，资本市场创造的投资机会威胁到银行存款（主要来自公司和投资机构），导致银行资源成本的上升。两种作用导致银行利差收窄。我们研究日本银行监控活动与日本产业结构变化和金融去监管之间的关系。之后，我们评估了出借者监控激励的改变，并提出对金融泡沫前奏的制度性理解。

一、产业结构变化

正如我们在第一章所讨论的，日本 GDP 中第一产业和第二产业的贡献下降，同时第三产业的贡献增长（见表 1.2）。从追赶型经济时期到前沿型经济时期这种趋势一直持续，甚至在泡沫经济爆发之后的"滞胀"时期也是如此。

分析日本银行贷款产业分布的变化，制造业贷款份额在 1960~1970 年占据相对主导地位，自 1970 年以后，就一直快速下降（见表 4.1）。这种变化反映了日本产业结构的变化。

表 4.1 日本银行业不良贷款变化

单位：兆日元、%

	FY1960	FY1970	FY1980	FY1990	FY1995	FY2000	FY2008
按行业							
制造业	4.0	17.5	43.0	59.0	72.6	67.1	56.4
建筑业	0.2	1.8	7.3	20.0	31.1	28.8	15.4
房地产	0.1	1.5	7.6	42.4	57.4	57.0	58.7
金融	0.1	0.5	4.5	37.7	49.6	39.7	36.9
批发和零售	2.3	11.3	34.4	65.6	78.1	65.8	45.9
个人贷款	0.0	1.6	15.2	61.2	80.9	92.7	112.1
其他	1.4	5.0	22.6	90.1	114.8	107.2	96.1
总量	8.1	39.2	134.6	376.0	484.5	458.4	421.5
按百分比							
制造业	49.4	44.6	31.9	15.7	15.0	14.6	13.4
建筑业	2.5	4.6	5.4	5.3	6.4	6.3	3.6
房地产	1.2	3.8	5.6	11.3	11.8	12.4	13.9
金融	1.2	1.3	3.3	10.0	10.2	8.7	8.8
批发和零售	28.4	28.8	25.6	17.4	16.1	14.4	10.9

续表

	FY1960	FY1970	FY1980	FY1990	FY1995	FY2000	FY2008
个人贷款	0.0	4.1	11.3	16.3	16.7	20.2	26.6
其他	17.3	12.8	16.8	24.0	23.7	23.4	22.8
总量	100.0	100.0	100.0	100.0	100.0	100.0	100.0

资料来源：作者根据日本央行（1960，1970，1975，1980）、《日本统计年鉴（2010）》整理。

就日本银行给制造业的放贷而言，以下几点需要注意：

第一，即便制造业贷款份额一直下降，但是日本银行自 1970 年以来其放贷业务总量却在扩张。结果，制造业贷款的债务总额却是增加的（见表4.1）。

第二，那些主要的制造业企业彻底降低对将银行贷款作为融资来源的依赖。这些主要的制造业企业在追赶型经济时期成功使用吸收和提升工程诀窍的企业战略。Hamazaki 和 Horiuchi（2001）认为，根据日本央行的调查，20 世纪 70 年代以来，主要的制造业企业急剧降低对银行贷款的依赖，从 30% 多降至低于 10%（见表 4.2）。这种降低的原因之一是随着这些公司

表 4.2　日本主要制造业和非制造业融资构成变化

单位：%

公司类型	资金来源	FY1961~1965	FY1966~1970	FY1971~1975	FY1976~1980	FY1981~1985	FY1986~1990
制造业	内部资金	27.1	33.7	35.9	54.3	68.0	53.9
	公司债券	2.8	3.0	3.9	1.0	10.3	19.9
	贷款	38.2	30.4	34.0	9.5	1.2	−9.5
	股票	10.8	3.2	2.4	7.8	12.8	19.1
	其他	21.1	29.7	23.7	27.4	7.7	16.7
非制造业	内部资金	22.7	46.3	29.6	44.9	51.8	35.8
	公司债券	12.3	10.3	12.9	19.3	10.8	14.1
	贷款	32.7	65.9	59.0	39.1	26.1	29.1
	股票	7.9	6.8	7.0	8.5	9.5	11.5
	其他	24.3	−29.3	−8.5	−11.7	1.8	9.5

注："其他"主要是商业信用。根据 Hamazaki 和 Horiuchi（2001）的研究，非制造业行业包括公共设施，如电力、铁路公司，发行债券比其他行业受欢迎。因此，非制造业发行债券的份额比制造业高。

资料来源：根据 Hamazaki 和 Horiuchi（2001）的研究整理。

的财务成熟，它们更多地使用内部资金。另一个原因是本质上从高速增长向中速增长的转变降低了制造业的总体投资。相对而言，我们应该注意到一直到 20 世纪 80 年代非制造业企业一直依赖银行贷款作为主要的资金来源。

第三，那些保持银行贷款作为主要资金来源的企业是：①在财务上还没有成熟的企业，这些企业大多数是中小企业；②面临竞争，被迫重组业务，转向高附加值制造业的企业；③将自己的生产基地转向海外以降低生产成本的企业。

在制造业内部，我们有必要根据制造业类型对其分类。Tanaka（2002）据以下类型对制造业企业进行了分类：①基于装配和加工的轻工业，包括食品行业、纺织行业及其他制造业；②基于原材料的轻工业，包括纸浆、纸张、陶瓷行业以及土壤和石材产品；③基于原材料的重工业，包括化学行业、石油和煤产品、碱性金属行业和金属加工制品；④基于装配和加工的重工业，包括通用机械、电子器械和设备、运输设备和精密仪器。表4.3 显示了 1956~1974 年（经济高速增长时期）、1975~1984 年（经济中速增长时期）、1985~1991 年、1992~2008 年每一类型平均真实增长率的变化。

表 4.3　各类型制造业平均实际增长率变化

单位：%

制造业部门	1956~1974 年 [a]（高速增长）	1975~1984 年 [a]（中速增长）	1985~1991 年 [a]	1992~2008 年 [b]
所有制造业部门	17.0	7.1	5.4	−1.7
基于装配和加工的轻工业	13.5	7.2	4.5	−1.9
食品行业	10.4	10.4	2.6	−0.2
纺织行业	12.2	1.1	−0.1	−7.5
其他制造业	18.0	6.8	6.6	−2.8
基于原材料的轻工业	18.2	4.2	5.0	−1.9
纸浆、纸张、陶瓷行业	18.0	3.9	5.7	−2.0
土壤和石材产品	18.5	4.5	4.5	−1.9
基于原材料的重工业	18.4	6.2	5.3	−1.3
化学行业	16.0	7.5	4.8	−2.4
石油和煤产品	15.9	26.7	3.8	2.8

制造业部门	1956~1974 年 [a]（高速增长）	1975~1984 年 [a]（中速增长）	1985~1991 年 [a]	1992~2008 年 [b]
碱性金属	21.8	4.7	3.7	−1.3
金属加工制品	21.6	3.4	10.2	−3.2
基于装配和加工的重工业	21.7	8.5	6.3	−1.0
通用机械	22.6	8.8	8.0	−1.3
电子器械和设配	23.1	11.6	6.6	−1.7
运输设备	21.2	5.8	3.9	1.0
精密仪器	18.5	6.3	5.8	−1.4

资料来源：作者根据日本内阁办公室 [a] 的统计和 ESRI（2008）[b] 整理。

表 4.3 显示，在高速增长时期，所有类型的制造业都能成功，然而在中速增长时期之后，赢家和输家泾渭分明。例如，基于装配和加工的重工业在经济中速增长期间及之后都贡献了全部的增长，而使用基础材料和纺织品的轻工业迅速下降。此外，例如，在 1992~2008 年大多数制造业类型除了石油和煤产品、运输设备外，都处于停滞状态。一个含义是随着日本到达经济前沿，并与前沿经济体竞争，每个公司都需要在完全不确定的条件下重组业务。

1985 年《广场协议》后日元急剧升值，于是国内产业空心化加剧的"国际化"出现。一些分析家将 1972 年当作日本企业对外直接投资第一次浪潮的起始点，1978 年日元升值后对外直接投资的繁荣是第二次浪潮。《广场协议》后的大爆炸繁荣为第三次浪潮（Tanaka，2002）。第一次浪潮和第二次浪潮的影响甚微，因为 1985 年海外生产率[②] 依然在 3%上下（见图 4.3）。然而，在 1985 年国际化加强之后，据日本经济产业省（2003）统计，2003 财年海外生产率达到 15.5%，制造业海外分支机构销售额占总部销售额（分母不包括没有海外分支机构的制造业销售额）的比例超过 30%。另一项研究认为日本对外直接投资（FDI）总量相比于 1981~1985 年的 255 亿美元，1986~1990 年日本 FDI 的总量跃升 6.3 倍至 1604 亿美元（Nishimura，1999，p.50）。

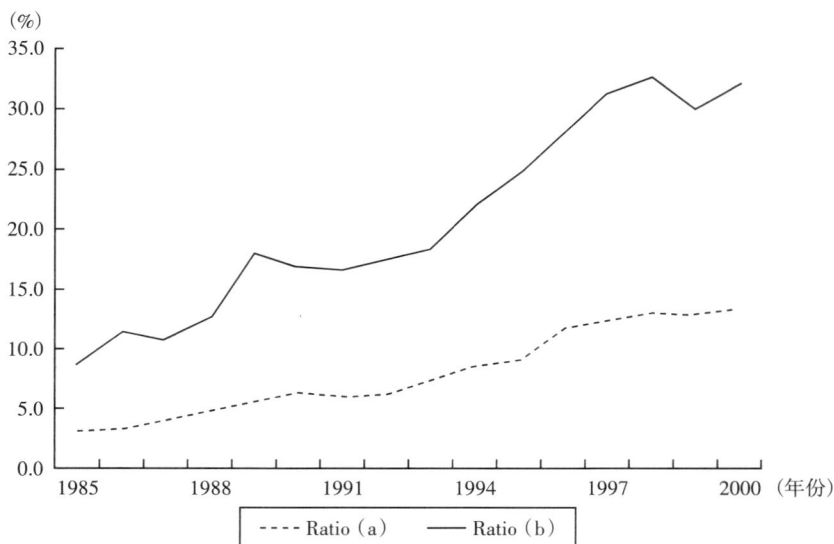

图 4.3　海外生产比率的变动

注：比率（a）：日本制造业海外分支机构销售额与日本制造业销售额比率。比率（b）：日本制造业海外分支机构销售额与其总部销售额比率。

资料来源：根据日本经济产业省（2000）统计整理。

Aoki（1994）研究认为，像日本兴业银行之类的长期信用银行在追赶型经济时期积累了必要的工程和信贷分析能力，因此它们经常承担大规模项目进口技术的工程评估。然而，大量实证研究指出，在起始于 20 世纪 70 年代中期以来的国际化和技术变革的驱动下，日本银行和日本公司之间的关系发生了结构性变化，这种变化在 20 世纪 80 年代中期加剧（Aoki 等，1994；Schaberg，1998；Genay 引用 Kanaya 和 Woo，2000）。一方面，日本制造业国际化给日本企业提供了更广泛和更多样化的融资渠道，如当地（东道国）金融市场和离岸市场或者欧元资本市场。另一方面，随着技术的日益复杂以及外界评估借款者投资项目的前景越来越难，监控变得更困难。这些因素开始约束包括日本兴业银行在内的日本主要银行的监管范围和效力。

第四，日本银行给非制造业部门的贷款总额和份额一直在增加。因此，日本银行开始承担相对高的信用风险，例如，借款给财务力量还十分弱小的中小企业带来的信用风险。

非制造业部门和中小企业相当程度上都有重叠（Tanaka，2002）。毋庸赘言，制造业部门也有许多中小企业。但是，在非制造业部门中中小企业贡献的份额非常高（比大企业的高）。尤其是，在批发和零售贸易、餐饮、服务和建筑业等领域，中小企业的份额相对较高。根据 Tanaka（2002）的研究，1999 年，中小企业在非制造业部门的份额为 87%——总数为 565 万家企业。其中，41% 为批发和零售贸易，24% 为服务业，13% 为建筑业。

如表 4.1 所示，与制造业部门相比，1980 年批发和零售贸易（包括餐饮和酒店部门）与其他服务（包括运输和通信部门）的负债总额有所增加。1990 年和 1995 年，日本银行对非制造业部门扩张信贷，尤其是房地产、金融、建筑部门和个人房屋贷款。Yoshikawa（1999）认为，日本非制造业部门生产率低是导致日本 20 世纪 90 年代经济停滞的根本原因之一。我们所关切的是日本银行对中小企业部门和非制造业部门贷款风险的增加，换言之，银行朝着承担相对更高的信用风险迈进。

Aoki（1994）认为，一体化的监管体系在日本仍处于基于技术能力的经济追赶时期有效运转。在这个监管体系中，日本主银行在监控方面发挥主导作用。这个监控模式的重要元素是监控一个公司在吸收和提升国外发展的工程诀窍方面的管理和组织能力，而非评估前沿技术本身的商业和工程价值（Aoki，1994，p.118）。具有讽刺意味的是，日本达到国际技术前沿并在前沿领域竞争，日本产业取得非常大的成功，这却逐渐改变了主银行不得不去评估和监控的风险因素。

这些在追赶型经济时期取得成功的主要制造业企业在财务上也达到成熟。日本银行借款给这些可信赖公司的利润机会随之下降。同时，通过开发新的具有竞争力的技术、向高附加值环节重组业务或者将生产基地转向海外以降低生产成本，"不那么可信"的制造业企业依然依赖银行贷款在竞争性的"前沿"经济体中生存。相应地，日本银行不得不通过评估这些公司生存战略的可行性及其效果来监控它们。重要风险因素的改变增加了监控成本，包括聘用有能力评估前沿技术的专家的成本、聘用在国际公司金融方面以及监控中小企业方面有专长的专家的成本。结果，这些变化逐渐影响了日本主银行租金导向的一体化监控的表现。

在传统金融结构中，通过规定存贷利率，一定范围的租金得以维持。从 20 世纪 70 年代起，由于运营和监控的成本随着经济环境的变化而增加，这些利润被侵蚀。20 世纪 80 年代中期，存款利率去监管化开始，日本主银行还努力捕捉它们新的借款者风险因素的变化。一些努力可能取得了成功，但是其他的却没有。然而，随着日本企业成功或失败越来越面临根本的不确定性，日本银行在扩张信贷业务上也面临同样巨大的不确定性。我们注意到这一时期日本银行 ROA 的下降，这表明它们未能赚得足够的利润来覆盖日渐增长的信用风险。恰当评估和监控主要风险因素的失败不仅降低了个别主银行维持良好贷款组合的监控效力，而且整个租金导向和一体化监管模式的表现导致日本银行和信贷体系的低效率。

二、金融去监管和银行监管的国际标准

一些经济学家认为，日本传统监管模式在 20 世纪 70 年代开始出现失效的最根本原因是那时日本经济增速放缓，国家从私人投资需求超过私人储蓄的经济转向先前的私人储蓄超过私人投资的经济（Patrick，1998；Yoshikava，1999）。这些研究表明在"需求不足"的经济结构中资金供给变得充裕，市场导向的利率体系的压力变得不可压抑（Patrick，1998）。经济学家或多或少强调这种经济背景给监管者带来解除传统金融体系的压力。

然而，我们应该注意到，始于 20 世纪 70 年代晚期的去监管一直都是非常缓慢地逐渐进行，直到 20 世纪 80 年代后半期金融去监管的节奏才加

快。20 世纪 80 年代中期实施的去监管措施包括：

（1）放松利率管制，1985 年开始定期存款利率自由化。这项政策似乎是在 1984 年日美日元—美元特设委员会的建议后实施的。

（2）金融分化③：1984 年对国内借款者解除对短期欧元日元贷款的禁止，其不受利率控制；解除进入公司债券市场的限制，并在 1987 年建设商业票据市场。

（3）1984 年巴塞尔银行监管委员会提出设置国际资本充足标准的提议，1987 年日美就资本充足进行双边谈判，1988 年日本签署《巴塞尔协议》。

据推测，20 世纪 80 年代去监管急剧加速主要是因为美国为了自己国家的银行的巨大优势，要求最小化国际竞争的限制，所谓一个"公平竞争的环境"。后者一直忍受美国臭名昭著的储蓄贷款危机以及拉美危机的伤痛。

此外，尽管经济学文献对此轻描淡写，但是我们应该注意到 20 世纪 70 年代中期（80 年代中期以后加剧）以来国际化和技术变迁的力量又是如何被日本银行业监管者和银行业的关系驱动的。一方面，每个银行监管者对金融业和银行活动的"国际化"充满担忧。由国际银行破产导致的潜在的银行挤兑愈加难以控制。另一方面，基于金融工程和产品创新的技术变革，如金融衍生品，对于银行监管者监控和评估真实的风险敞口来说总是太过于复杂。这些因素开始限制每个监管者能够发挥的监管范围和影响力。这反过来促使发达国家的银行监管者改变监管模式，采取银行监管国际标准。

如后文所述，20 世纪 90 年代爆发的泡沫经济加速了日本监管者参考根据《巴塞尔协议》（资本充足标准是用来抵抗计算的意想不到的信贷损失）计量的风险相关权重和信用风险评估程序化，找寻规则主导的监控（监管）。我们应该察觉 20 世纪 80 年代国际化和技术变革的力量已经开始给日本监管者改变监管模式一种激励。

三、出借者监控激励的改变

作为金融去监管的结果，日本银行相对高的监控成本和逐渐减少的租金机会如何影响它们的监控和放贷业务的呢？尽管社会净收益并不总是和个人净收益一致，但是银行租金对监管的重要作用在于为银行个体作为监控借款者的长期代理有效运转创造一种激励。因此，对日本出借者监控努力的激励的分析，意味着监管保护框架内"金融抑制"和"一体化"监控模式的作用的变化。

Aoki（1994）认为主银行体系有如下四点潜在社会利益：

（1）通过委派主银行独家监控其公司，避免了贷款前和过程中重复监控的社会成本。

（2）暂时萧条时，有生产潜力的公司避免了目光短浅的清算的社会成本，因为主银行有强烈的激励上马救助措施。

（3）避免了与战略重要性产业一致的补充投资项目失败的社会成本。

（4）主银行对贷款决定各个阶段（事前、事中、事后）公司治理结构的紧急干预为日本公司团队导向的生产提供了有效的外部准则（Aoki，1994，pp.122-126）。主银行的作用也致力于平滑经济周期对借款者的影响。

Aoki 的模型表明作为被制定的监控者，主银行可能没有十足的动力去监控所有的出借者，除非它能得到恰当做这件事以及与企业维持良好关系的租金。利率监管体制（及债券发行标准）在主银行体系时期十分普遍。主银行体系允许这些银行赚取租金，只要它们承担起作为被委派监管者的责任。只要主银行维持其监控声誉，这些租金就为其提供"特许价值"和"声誉租金"。正如 Aoki（1994）的研究指出的，如果银行不得不清算大量它代理的企业，这种声誉会被摧毁：①存款者因为担心存款的安全，将会抛弃这个银行；②其他银行因为担心资金的安全，也将变得不愿意贷款给这个银行代理的企业，因为主银行愿意放贷的意愿不再是借款者值得信任的信号；③主银行代理的其他企业因为担心在逆境中损失保险以及不能向其他银行贷款，可能转变它们的主银行关系；④监管部门考虑到破产产生的如失业等社会结果，可能会最终惩罚开始频繁清算的银行。这些可能性表明对主银行的清算惩罚将会比违约贷款的损失大得多。

如我们在前文所阐释的，通过威胁减少租金机会，银行租金在预防银行忽视它们作为监控者的角色方面发挥重要的作用。我们理应发现，在某种程度上，对所有银行来说，都存在这些激励。相比其他部门，全世界各地的银行都不得不更多地依赖它们的声誉。正如 Stiglitz（1994）的研究所指出的，银行间的适度竞争是非常不错的，如果过度竞争开始摧毁银行的声誉租金，过度竞争就可能会有问题。声誉是一种值得保护的资产，以租金的形式获得经济收益。正因为这种经济收益的存在，竞争被限制。在美国，存款保险的作用之一便是减少或消除进入壁垒，因此促进行业进入和竞争。Stiglitz（1994）认为，由此带来的竞争和接踵而来声誉租金的减少促使银行寻求短期政策，导致了储蓄信贷崩溃以及相关的银行危机。在前文我们已经发现一些日本城市银行被有效约束。另外，行业进入不足也会有潜在的问题，即导致金融部门的竞争不充分。我们真不能对政府设置"合适的"进入水平的能力抱有信心。我们观察到的利润水平难道就只是保证经济有效率的必要租金吗？或者除此之外还有垄断的因素在里面？由于没有清楚的对策出现，简言之，一个词——谨慎：需要严格监管金融部门，监管其任何一个方面有显著"错误"的迹象（Stiglitz，1994，pp.222-223）。但是，这又提出了一个新的问题，即谁应该执行这细致的监管。

我们可以从日本银行的视角探讨这个问题。一方面，它们在传统体系中的预期利润包括银行租金，由上文所述的特许价值或声誉租金组成。另一方面，它们诱发监控成本和在银行结构内委派监管者的成本。前者包括信息获取成本、监控所需知识和技能的内化的成本。在理论上，正的净收益是银行预期在可能的监控水平上获得潜在的额外收益，这激励银行承担必要的监控。给予激励个别银行监控的个别净收益并不能代表对全社会来说的监控合理水平。然而，我们能预期银行零水平的净收益将会导致这个系统的崩溃。相应地，如果银行在这个系统内对银行租金"搭便车"，那么监控将变得无效率，而且从监管的视角来说，还会导致更差的结果。

银行的监控成本是由一系列变量决定的，包括特定的制度结构、监控所用技术、借贷双方的力量分布、文化背景等。一般而言，银行国际化和去中介化以及日本技术变革定位于技术前沿的趋势都将会影响监控成本，因为其中每一项都会使评估或监控借款者变得更困难。监控净收益的减少可能导致出借者去监控的激励变弱。或者，它也可能促使出借者寻求和采取规范的监控，这种监控成本相对便宜，而且可以从其他银行体系获得。我们可以将此看成一个准寻租行为，因为出借者可以通过这些战略努力维持一定水平的净收益。

我们还应注意到，监控活动预期净收益也要和银行的期望非常一致，即最大可能地预测监管者金融政策的变化。这种预期"取决于我们对于我们所做预测的信心——我们评价我们最好的预测完全是错误的概率有多高"（Keynes，1936，p.148）。除了监控成本结构变化外，我们也认为20世纪80年代中期去监管化加速，日本银行对监管者在这一时期及其之后还能保持先前的灵活性的期望也逐渐降低。这也导致了一种准寻租行为，又导致银行监控活动的式微，银行开始在短期利益上投机，期望监管者无法惩罚它们。自我实现的预期驱动了这些准寻租行为、投机导向和"搭便车"，这些战略是银行个体特许价值和声誉价值减少导致的。然而，这些银行的行为与国际化和技术变革的趋势叠加，也摧毁了监管者对日本主银行体系的信任。

四、泡沫经济序曲

银行租金在政治上存在争议，即便其有社会有用性。这是因为对银行监管者来说，精确评估必要的银行特许价值的保护程度需要保证有效的审查和监控，这在本质上就是困难的。例如，当银行租金促进了金融深化，与经济增长协调一致，银行租金在政治上可能就可接受。银行获得的租金能通过提升储蓄存款和促进正式金融的可获性在增加基础设施投资方面发挥重要的作用。但是当金融深化已经相当完善、银行租金似乎不再对社会整体发挥任何作用时，那么对银行租金的政治支持可能变得越来越难。一般来说，存款利率的压制也会扭曲家庭储蓄，并产生怨恨，尽管日本家庭储蓄似乎已经相对而言对利率无弹性了（Aoki，1994，p.130）。

正如前述，早在 20 世纪 70 年代，日本银行的 ROA 就已经开始下降。国际化和金融去中介促进了日本银行引入激烈的竞争机制，而这又进一步加速了这种趋势。然而，在那一时期，日本银行通过增加杠杆扩张贷款以弥补 ROA 的下降，维持或增加名义利润。这种战略是在引进《巴塞尔协议》8%的资本充足率的严格限制下采取的。自 1984 年以来，美国监管者就提倡此协议。这些规则的引进令日本银行管理者和监管者都感到很震惊，促使他们重新考虑通过杠杆扩张贷款的贷款战略。这里需要注意的是，对于 1988 年《巴塞尔协议》的实施，国际上一致同意对此有一个宽限期，即 1992 财年实施。主要的日本银行担心受到惩罚，例如，由于按照《巴塞尔协议》的定义，日本银行资本留存不足，从而被限制海外银行运营。为了寻求更高的 ROA，这种担忧影响其偏好变为更高收益率的贷款，当允许扩张贷款资产时，在宽限期内它们仍然使用杠杆。

自 20 世纪 80 年代中期以来，日本监管者面临直接的外交压力，安排实施金融抑制去监管项目。这个计划不仅是实施《巴塞尔协议》，而且是对存款利率和存款任务去监管的实施，是对日本银行业务限制的放松，减少进入障碍以促进更大的竞争。对 1985 年《广场协议》的外交妥协进一步推动众多日本制造商将生产基地转向海外（制造业国际化），同样影响了日本银行管理者对不确定性的感知。总之，当去监管宣布实施，又进一步摧毁了日本银行的监控动机和预期利润。银行面临金融环境的变化，导致始于 20 世纪 80 年代后期的泡沫经济。在这一时期，银行急于通过在房地产和建筑业拓展投机信贷和高收益抵押融资来轻松赚取利润。这种利润导向战略是一种寻求新的和日益被蚕食的租金的寻租行为，这是对担忧被金融抑制政策保护的传统银行租金迟早降低的应对。

众多经济学家试图通过"道德风险效应"来解释泡沫经济，即日本银行冒着很大风险期望即便它们遭受损失，金融监管部门也不会允许它们破产。他们认为大型日本银行相信"大而不倒"（TBTF）神话，导致了在泡沫经济时期不谨慎的信贷风险管理（Patrick，1998）。然而，正如 Chang（2000）的研究，大而不倒故事中混淆了救助银行和救助那些对创造需要救助的情形负责任的银行所有者或管理者。

对于管理者来说，他/她的公司由于其规模大被救助，而救助计划又牵涉其职业合约终结，那么这至多只是一个安慰而已。因此，如果一名管理者知道如果公司业绩差，他/她的工作就会受到伤害的话，道德风险就会较小。这同样适用于所有者。如果所有者知道救助行为要求放弃他们的公司控制权，他们就无法承担在管理上（以防所有者管理者合一）的懈怠或对所雇用的管理者进行监管的懈怠（Chang，2000，p.782）。

虽然这一直是一个具有争议性的问题，但是本书强调日本银行面临的经济环境的变化，以及监管者逐渐破坏了租金导向的监控"保护"模式，允许了大多数日本银行管理者对传统监管任务"搭便车"。还需要注意的是，在 20 世纪 80 年代后期（泡沫经济之前），日本银行被要求对提升电子银行运营的基础设施加强投资。为了外汇交易和金融衍生品交易，发展计算机账目和清算系统，以及信息和模拟系统，被认为是在金融去监管环境下所必需的，因为这些战略显然使得美国银行在美国金融区监管下复兴。

本书并不直接阐述始于 20 世纪 80 年代后期的股票市场泡沫和房地产泡沫。然而，我们的分析为股票市场泡沫和房地产泡沫的前奏以及泡沫爆发后日本银行业不良贷款的累积提供了制度理解。如我们所述，大约在20世纪70年代中期，日本从赶超型经济转向前沿型经济。相应地，代理公司成功的不确定的性质成为一个根本问题。同时，更多在财务上成熟的大型制造业企业通过降低银行贷款作为融资来源加速去中介化。结果，日本银行增加了监控新项目和相关项目的压力，以及监控涉及借款给中小型制造业企业和非制造业企业的相关信贷风险的压力，这些企业也面临严峻的竞争，导致了更高水平的不确定性。另外，日本中小企业不再从西方企业学习现存的技术，而是在新技术和新产品方面日益创新。融资问题现在是一个处理熊彼特式创新的问题，而不是追赶式创新的问题。但是日本银行既没有监控这些企业的经验，也没有像与它们的主要代理之间存在的与这些企业之间的私人关系网络。对于出借者来说，所面临的这种处理不熟悉企业的挑战意味着监管成本的急剧增加。为了避免这些成本，很多日本银行选择以抵押贷款为中心。这些抵押贷款通过日益增加的房地产价值得以巩固。因为传统借贷活动缩减，为了保持借贷流动，它们甚至走了捷径。赞成去监管的政治主张给通过控制存款利率为银行创造不必要的租金机会的金融抑制政策当头一击。尽管金融泡沫破灭后银行业境况不佳，但是日本监管者在阻止1990~1995年日本银行系统衰退方面所为甚少。事实上，日本监管者在1994年完成了存款利率去监管化，在1996年废除了所有与债券发行相关的规则。我们认为，与此相矛盾，这种急速的去监管化反而降低了日本银行监控它们出借工作的动机，并鼓励了投机借贷领域有危害的形式寻租行为。例如，我们发现了日本银行放松借贷条件的投机行为，尤其是资本化低的银行为了应对它们日益受损的利润。Kanaya和Woo（2000）研究发现，一直到20世纪90年代中期甚至到泡沫经济的破灭，总贷款中信用贷款的比例平稳增长。他们还发现"复兴的赌注"实际上促进了20世纪90年代大多数时期信用条件的放松，尤其是1995年。另外，为了处理泡沫破灭后萧条的企业（它们中大多数参与房地产项目），主银行的救助行为只是简单地延长了许多毫无效率的企业的生命，导致了主银行 NPL 的积累。第五章长期信贷银行的案例阐述了这些趋势中的一部分。

第三节
英美审查和监控方法的局限性

在整个该时期，日本被激励放弃原先传统的金融体系，转向采用金融去监管的英美形式，部分是源于对深化的金融危机的回应。向那个方向转向的压力主要来自美国。尤其是为了避免高企的监管交易费用，日本处于向英美监管体系转变，将其作为替代制度的压力之下。也就是说，在日本传统银行体系危机的迷雾中，日本也改变其传统的银行体系，转向英美体系（见图 4.4）。我们已经总结了一些每一种监管体系的独特特征。重要的问题是这种转变是否解决了传统的日本监管体系所面临的任何问题，或者将事情变得更糟。具体而言，我们提出如下两个问题：

（1）在何种程度上日本作为回应采取英美式监管模式是有效的？这种监管模式采用以资本经风险调整后的收益来计算信用风险等标准。

（2）在日本创造一个证券市场在何种程度上是可行的？这个证券市场是由一系列众多的、多样化的投资者基础作为经济体中长期投资的融资方法支撑起来的。对这个问题的回答也将揭示降低日本银行作为金融中介的关键作用的可行性。

我们在本节讨论问题（1），在下一节讨论问题（2）。

基于特定的监管任务，日本采取英美监管体系在何种程度上是可行的？以我们的视角来看，这个体系的特征便是减少银行监控，对相对有限的贷款类别加以监管，这可以使用算术方法进行监控，如使用外部机构计量的信用风险，用公式计算资本经风险调整后的收益。在 20 世纪 80 年代

（Ⅰ）日本传统金融监管体系

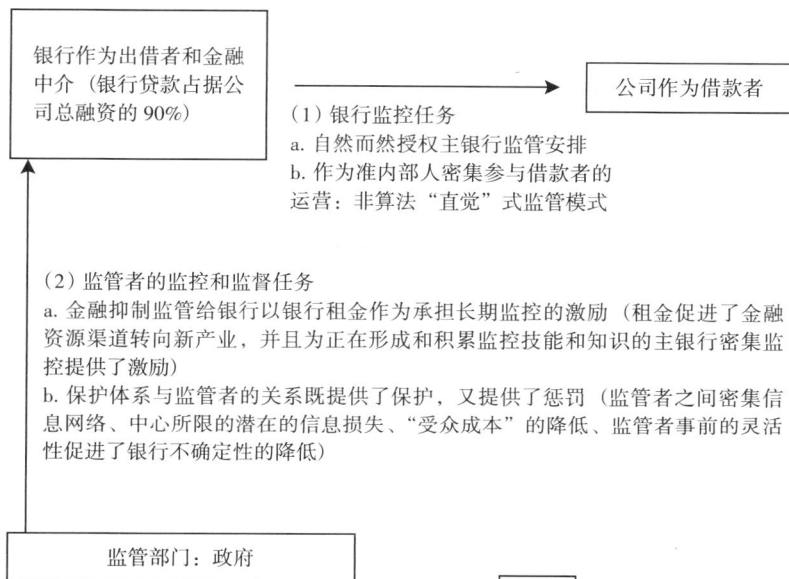

银行作为出借者和金融中介（银行贷款占据公司总融资的 90%）

（1）银行监控任务
a. 自然而然授权主银行监管安排
b. 作为准内部人密集参与借款者的运营：非算法"直觉"式监管模式

公司作为借款者

（2）监管者的监控和监督任务
a. 金融抑制监管给银行以银行租金作为承担长期监控的激励（租金促进了金融资源渠道转向新产业，并且为正在形成和积累监控技能和知识的主银行密集监控提供了激励）
b. 保护体系与监管者的关系既提供了保护，又提供了惩罚（监管者之间密集信息网络、中心所限的潜在的信息损失、"受众成本"的降低、监管者事前的灵活性促进了银行不确定性的降低）

监管部门：政府

（Ⅱ）英美金融监管体系

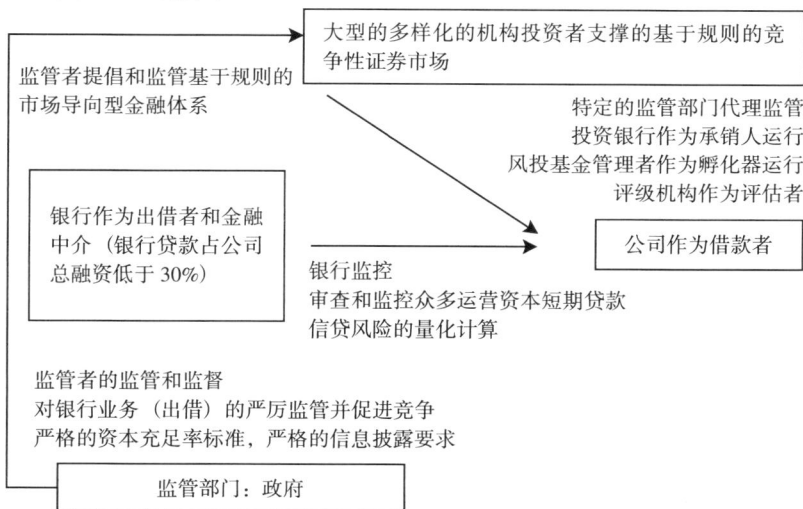

监管者提倡和监管基于规则的市场导向型金融体系

大型的多样化的机构投资者支撑的基于规则的竞争性证券市场

特定的监管部门代理监管
投资银行作为承销人运行
风投基金管理者作为孵化器运行
评级机构作为评估者

银行作为出借者和金融中介（银行贷款占公司总融资低于 30%）

公司作为借款者

银行监控
审查和监控众多运营资本短期贷款
信贷风险的量化计算

监管者的监管和监督
对银行业务（出借）的严厉监管并促进竞争
严格的资本充足率标准，严格的信息披露要求

监管部门：政府

图 4.4 日本传统监管体系与英美体系的对比

后期，或者在末期，继金融泡沫破灭之后，日本银行管理者开始采用英美式金融中介、监控和风险管理模式，这个模式一直被认为是证券导向型的金融体系。例如，日本兴业银行员工 Miyoda（1994）认为，像风险调整收益这样的概念对美国银行的复兴至关重要。长期信用银行在这方面十分典型。它们保留美国信孚银行在 20 世纪 80 年代早期形成的资本风险调整收益概念。美国信孚银行是一家美国投资银行，作为顾问引进了评估风险和收益的算法系统。同时，被美国银行业经验影响的《巴塞尔资本协议》越来越成为偿债能力监管的标准范式，进一步约束日本银行业管理者的行为。

一些研究者认为，直到 2007 年 3 月，《巴塞尔协议》Ⅱ 实施，《巴塞尔协议》Ⅱ 与 20 世纪 90 年代的日本银行业危机以及之后的金融衰退没有如此密切的关联。我们并不同意这种分析，因为从笔者作为日本银行内部人员的经验来看，大多数日本银行管理者预计所提倡的《巴塞尔协议》Ⅱ 的监管和信用风险监管迟早都将引入，早在 90 年代就已经开始改变他们的信用风险监控模式。

巴塞尔银行监管委员会催促银行监管者采取国际接受的量化和信用风险加总模式（巴塞尔银行监管委员会，1999a，p.8）。同时，标准的信用风险模型在银行的风险管理和绩效评估措施中越来越重要，包括绩效导向的补偿、顾客盈利能力分析和基于风险的定价。尽管有一系列风险模拟概念化方法的实践，但是巴塞尔银行监管委员会的聚焦点在于评估投资组合的现值和时间范围内期末未来价值的概率分布的模型。总而言之，一个投资组合的期望信用损失可以被定义为两者之间的差异，并且关键问题是如何决定预期违约概率（通常被称为预期违约频率或 EDF），这是一个关键的模型变量。

银行对每一个代理公司的内部信用风险评估是由银行的信用管理员工决定的，他们用 EDF 进行计算。因此，每一个银行采用的 EDF 可能根据自己的环境和信贷战略而有所不同。但是巴塞尔体制激励出借者采用外部评级系统来调整他们自己的 EDF，如标普或穆迪对公司债券的评级。巴塞尔银行监管委员会已经决定，在其新协议（《巴塞尔协议》Ⅱ）倡议中促进用外部信用评估决定风险权重的系统替换现有的方法。委员会希望确保基于内部评级方法的资本监管协议由能与基于外部信用评估标准方法相一致的、确保精确性的方法决定（BCBS，1999b，pp.37-40）。巴塞尔银行监管委员会提倡的信用风险模型基本方法标准是由美国监管者在其英美金融准则的限制下追求美国银行业"公平竞争环境"驱动的。

为了理解算法方法的运用，考察由标普提供的表 4.4 中的信用评级转换矩阵，这表明了一年内移动至另一评级可能性的百分比。标普基于特定时点可得的历史统计数据计算这种可能性以及 EDF，即特定信贷在时间范围内面临违约的可能性。EDF 可以理解为一笔贷款在信用模型的时间范围内，由现有评级等级移动至违约的可能性。与表 4.4 中所描述相似的评级转换矩阵频繁阐释了这种可能性。假设顾客的现有信用评级（每一行）移动至另一等级（每一栏）的可能性就在交叉处。因此，在表中，评级为 B 的贷款一年内移动至违约状态的可能性将是 4.93%（BCBS，1999a，p.20）。

EDF 最关键的局限在于它不适用于长期贷款违约可能性的计算。作者采访了长期信贷银行的前员工，这名员工研究过所谓的"KMV 模型"，此模型由 KMV 公司提供，并广泛运用于 EDF 的计算。KMV 公司由三位重要成员成立于 1989 年：Stephen Kealhoer（K）、John McQuown（M）、Oldrich Vasicek（V），现在它已经被穆迪并购。模型将公司资产价值下降低于名义总债务的状态定义为持续违约。KMV 模型基于将公司股票价格作为公司价值的指示器来计算公司的违约可能性。根据这位原长期信贷银行员工，KMV 在他们的一年期 EDF 的显著性上有效果，但是他承认在现实中使用三年期 EDF 将非常困难。通过对日本兴业银行前员工 Daisuke Nakazato 关于 KMV 的采访，发现这个模型存在几乎相同的问题（Ohno 和 Nakazato，2004，pp.182-190；FISC，1999）。

另一个算法监管模型的关键输入是由像标普和穆迪这样的评级机构提供的外部评级。这些输入是由评级机构自由裁量提供的，信用风险评估的具体标准以及评级标准并没有完全公开。2003 年日经调研和日本投资者关系协会合作的调研显示，在他们的样本中，1344 份有效回复中（2002 年12 月，3615 家公开上市公司中）有 53.8% 并没有被评级。此外，只有11.8% 的公司经深思熟虑后要求对他们的公司评级。根据这项调查，在信用风险评估方面，信用评级机构主要依赖于：①合并以及未合并的财务报表；②下一财年或以后的预期运营利润，包括中期和长期的公司计划；③公司战略和管理战略描述；④运营单元的信息。有趣的是，大约 59% 的回复者表示他们并没有对评级机构透露全部信息，主要是因为公司内部的保密规则。这表明外部机构的信用评估中一些关键信息没有得到反映。此外，大量公司认为评级评估标准是模糊的，因此对评级并不满意。甚至一些公司认为，评级机构没有评估它们的能力，并宣称评级机构之间的竞争被限

表 4.4　信用评级转移矩阵样本（平均 1 年期全球公司转移矩阵，1981~2009 年）

全球	AAA	AA	A	BBB	BB	B	CCC/C	D	NR
AAA	88.21 (5.09)	7.73 (4.84)	0.52 (0.87)	0.06 (0.18)	0.08 (0.26)	0.03 (0.20)	0.06 (0.40)	0.00 (0.00)	3.31 (2.41)
AA	0.56 (0.54)	86.60 (4.87)	8.10 (3.99)	0.55 (0.75)	0.06 (0.26)	0.09 (0.25)	0.02 (0.07)	0.02 (0.08)	4.00 (1.92)
A	0.04 (0.14)	1.95 (1.16)	87.05 (3.47)	5.47 (2.13)	0.40 (0.50)	0.16 (0.36)	0.02 (0.07)	0.08 (0.12)	4.83 (1.96)
BBB	0.01 (0.07)	0.14 (0.24)	3.76 (2.34)	84.16 (4.44)	4.13 (1.80)	0.70 (1.05)	0.16 (0.25)	0.26 (0.27)	6.68 (1.86)
BB	0.02 (0.06)	0.05 (0.16)	0.18 (0.40)	5.17 (2.44)	75.52 (4.94)	7.48 (4.78)	0.79 (0.93)	0.97 (1.06)	9.82 (2.92)
B	0.00 (0.00)	0.04 (0.13)	0.15 (0.38)	0.24 (0.34)	5.43 (2.59)	72.73 (5.25)	4.65 (2.64)	4.93 (3.27)	11.83 (3.07)
CCC/C	0.00 (0.00)	0.00 (0.00)	0.21 (0.74)	0.31 (1.05)	0.88 (1.34)	11.28 (7.86)	44.98 (12.81)	27.98 (12.90)	14.37 (7.57)

注：括号中的数字是标准误差。

资料来源：表格是在 Diane Vazza、Devi Auroa 和 Jacino Torres 的善意允许下重新制作的；《2009 年度亚洲公司违约研究和评级转移》，标普金融服务公司出版，© Standard & Poor's 2010。④

制了。这些发现明显强调了评级机构及其程序的固有局限性。

毫无疑问，随着经济变得愈加复杂，一些风险管理工具变得十分必要。国际化和技术变革的加剧使得出借者担任监控投资角色更加困难，例如，在前沿经济体中，出借者要对不同公司执行创新和发展新产品的能力进行判断。因此，有限理性激励出借者使用程序测量信用风险，并且在可能的时候使用风险评估外部来源以取代试图依赖内部监控技能和知识。但是，英美体系下的信用风险量化评估并不必然解决不确定性的问题。由于完整的风险市场设置还留有空白，因此在理论上就不可能在没有任何错误的风险下决定 EDF 的确切值，即便使用所有可得的数据集。因此，即便外部评级机构提供的信用评级转移矩阵（见表 4.4）在统计上是显著的，但是它不能表明一名特定的顾客将要移动至哪一个方向。正如 Simon（1983）提醒我们的，现有知识并不能提供数学期望精确计算的基础：

没有白天鹅的观点并不能确保一只黑天鹅将不会在以后出现……推理过程需要符号输入，并传递至符号输出。最开始的输入是公理，它们并不是由逻辑而是简单地从实证观察，或者甚至更简单的直接假设推导而来……输入转换成输出的推导过程也是由命令引入，而非推理的结果（Simon，1983，p.190）。

与观察天鹅相反，当评估创新时，不确定性显著增加。然而，如果不管对于金融数据集进行推理的规则的武断，出借者可能被劝说使用 EDF 统计和基于这样的 EDF 来测量信用风险的外部评级。这主要是因为他们被银行监管者要求采用标准程序来计算资本充足率以及基于风险的定价。在过去，银行在审查和监控方面被认为是专业的，而且银行在协调长期资金平稳流入新产业和企业方面发挥重要的作用。外部评级机构只起着非常有限的作用，它们为评估信用信息能力有限的非专业投资者提供债券发行的信用概述。当出借者开始日益依赖外部评级机构提供的为公司债券公开评级的统计上的 EDF 时，银行贷款开始与债券市场上的投资者行为一致，而债券市场是由外部风险评估驱动的。

在美国的证券市场，基于新古典信条，监管者赞同一个竞争性的、更少保护性的框架，一个大量的、多样的投资者基础支撑起的市场导向机制将有效配置金融资源。一个大量的、多样的投资者基础，以及十分不一样的动物精神的存在，偏好风险和对未来的判断对于在成长期和变化期经济中为整个经济体的一系列经济活动提供相对稳定的融资十分必要。只要这个基础有能力吸收众多不同种类的风险和不确定性，投资市场就会有效运行。但是这同样表明英美金融体系并不具有普遍适用性，因为其他国家可能没有大量的、多样的投资者基础，而这是这个体系的重要根本。我们将会在第四节考察这个条件。

对新监管框架的批判

自 1988 年以来，《巴塞尔协议》Ⅱ对资本的根本性定义仍然与最初的协议没有变化，只是作为最初协议的修订和明确化。然而，巴塞尔银行监管委员会提议明确和拓展目前协议的适用范围，以提高用资本充足标准（CAR）反映潜在风险的方法（BCBS，1999b），并且设置更深的各种方法来使得协议对信用风险更加敏感。这种新的风险权重计划增加了监管者对外部信用评估机构的依赖。巴塞尔银行监管委员会特别的目标，独立、透明、值得信赖、国际接入、资源和认知（BCBS，1999b，p.34）作为合格的外部评估机构的标准。巴塞尔银行监管委员会似乎已经摧毁了外部评级机构的有效力量，这些外部评级机构已经对产业有既定的兴趣，并且在信用评估方面有跟踪记录。

1988 年协议风险权重体系部分是根据借款者的制度性质通过风险权重贷款确保银行不会偏离持有低风险资产（例如，主权债务）（BCBS，1999b，p.8）。同时，银行监管者的直接关切是训导国际银行为覆盖预期损失和未预见的损失设置缓冲。因此，资产风险权重刚好武断地导致了对经济风险的粗糙测量。新框架最显著的特征是建议更广泛地使用外部信用评级和与风险暴露相关的风险权重所适用的标准方法。特别是，巴塞尔银行监管委员会强调了标普使用的评级方法（作为例子，一些其他机构的评级结构可以被同等使用）作为账面资产风险权重的有用提取（BCBS，1999b）。IMF特别数据传播标准被认为是另一适用主权债务敞口风险权重的重要方法。表4.5显示了巴塞尔银行监管委员会准备的阐释风险权重的概要。这基于标普信用评估计划。

表 4.5 《巴塞尔协议》II 信用风险测量标准方法所使用的风险权重

声明	评估					
	AAA to AA−	A+ to A−	BBB+ to BBB−	BB+ to B−	B−以下	无信用等级
主权	0%	20%	50%	100%	150%	100%
银行选择 1	20%	50%	100%	100%	150%	100%
银行选择 2	20%	50%	50%	100%	150%	50%
银行选择 3	20%	20%	20%	50%	150%	20%
（短期）						
	AAA to AA−	A+ to A−	BBB+ to BB−	BB−以下		无信用等级
公司	20%	50%	100%	150%		100%
	AAA to AA−	A+ to A−	BBB+ to BBB−	BB+ to BB−		B+及以下，无信用等级
资产证券化	20%	50%	100%	350%[a]		从资本中扣除

注：[a] 只是投资者。创世银行必须从资本中扣除。
资料来源：BCBS（2006）。

巴塞尔银行监管委员会指出代理机构更广泛地使用外部评估可能的外部负效应（BCBS，1999b）。然而，巴塞尔银行监管委员会似乎将此作为遗留问题，并不提供如何处理潜在负面效应的任何建议，暗示期望每一个银行监管者设计一套防范银行有问题地或机械化地使用外部评估体系的系统。同时，新协议激励了大量随意的发展。

如表4.5所示，尽管新协议对公司暴露的风险权重已经做了轻微修正，但是无信用等级公司的风险权重为100%仍然没有改变。相对而言，所提及的资产证券化（抵押债券）对外部评级更为敏感。这个提议可能在贷款证券化和次级贷款交易中创造提升主要外部评级机构存在性这样一个外部性。根据巴塞尔银行监管委员会，资产证券化市场是一个由大量国际活跃银行参与的全球市场。甚至，国际市场上资产支持证券发行一贯都有信用评级。

根据《金融时报》，直到最后时刻，美国和德国在两个关键问题有关的提案上还有矛盾："在何种程度上，外部评级和评估能适用于计算恰当的缓冲？"以及"在新框架内我们如何处理商业目的的抵押贷款？"每个监管者都有动机去保护自己的监督实践。最后的提案似乎是两国政治斗争和妥协的反映。2001 年发布的修订版咨询报告提出了可选择的两种方法——全面的和简化的。前一种方法是通过对抵押品价值的保守评估来降低潜在的风险暴露（Cornford，2001，pp.17-19）。

巴塞尔银行监管委员会并没有提议在资本目的方面考虑赔款的期限（BCBS，1999b，p.33）。原则上，假设两个借款者拥有一样的可信度，一个长期（例如，三年）借款者的风险敞口被认为应该是比另一个期限更短（例如，三个月）的风险敞口更高。毋庸赘言，债务的期限或者赔款的剩余时期对于银行决定方法贷款来说是一个重要因素。

巴塞尔银行监督管理委员会在资本目的方面没有考虑集中或分散的投资组合效应。在投资组合理论中，假设公司拥有同样的信用等级，一个投资组合在特定公司集中投资（例如，为 10 个公司发放 1 亿美元贷款）将被认为比分散化的投资组合（例如，为 1000 个公司发放 100 万美元贷款）风险更高。

《巴塞尔协议》牵涉可能的监管套利效应（Cornford，2001），从而导致恶性循环。譬如，1988 年协议就使出借者有动机去安排证券做担保或者获得 OECD 公共部门实体担保来降低它们暴露的风险权重。

这些类型的监管套利反过来促使巴塞尔银行监管委员会扩展协议的适

用范围，以便覆盖剩余风险。然而，新协议不可避免地成为了套利的新机会来源之一，尤其是，在贷款证券化和信用衍生品领域。一方面，巴塞尔银行监管委员会意识到资产证券化是将银行信用风险重新配置到另一家银行或者非银行投资者的有效方法；另一方面，巴塞尔银行监管委员会关切一些银行使用结构化融资或者资产证券化来避免留存与它们风险敞口一致的资本。因此，巴塞尔银行监管委员会提议重新修订协议，以充分利用合格的外部信用评估机构的评级对资产证券化设置资本费用（见表4.5）。巴塞尔银行监管委员会提供对证券化部分的风险权重索赔，这可能导致SPV基于资产池来发行证券（BCBS，1996）。巴塞尔银行监管委员会宣称银行以信贷衍生品为形式的担保能得以广泛开展。这些发展对许多银行的信用风险产生了重要影响（BCBS，1999b）。这是一个永无止境的恶性循环。虽然监管有鼓励减轻和规避风险的金融创新这一面，但是更精准将以更复杂为代价。

第四节
20世纪90年代金融结构变迁：日本和美国金融结构对比

日本拥有大量和多样化的投资者基础来维持英美金融体系吗？在多大程度上移交传统上由日本银行承担的金融中介任务？在此，我们探讨"公平竞争环境"的需求——存款利率去监管和金融委员会去监管——如何改变日本的金融结构。我们主要利用日本央行提供的实证数据讨论此问题，日本央行研究文件的名称为《日本的金融结构——资金流量表视角》（BOJ，2000）。它们对资金流量表（FFA）⑤的分析对于比较20世纪90年代日本和美国金融结构的特征十分有益（Suzuki，2002）。

一、投资组合中家庭偏好比较

整个 20 世纪 90 年代，家庭部门是日本最大的资金提供者。表 4.6 显示，家庭部门持有大量的金融资产，从 1990 年 3 月末的 926 万亿日元增长到 2000 年 3 月末的 1390 万亿日元[⑥]。

家庭持有细目最显著的特征是大多数持有如现金和存款这样的"安全资产"，而如股票、股权和证券等"风险资产"比重小。这有效地表明了家庭在投资组合选择中的"风险厌恶"偏好。明显地，在整个 20 世纪 90 年代他们的风险厌恶强化。"安全资产"的比重从 48.5%（449 万亿日元）上升至 53.8%（748 万亿日元），"风险资产"的比重则从 24.6%（228 万亿日元）下降至 15%（209 万亿日元）。

表 4.6　家庭持有金融资产（日本和美国的对比）

金融资产类别	1990 年 3 月		2000 年 3 月		2007 年 3 月	
日本						
现金和存款	449	(48.5%)	748	(53.8%)	775	(52.9%)
债券	69	(7.5%)	57	(4.1%)	36	(2.5%)
投资信托	36	(3.9%)	35	(2.5%)	63	(4.3%)
股票和其他股权	123	(13.3%)	117	(8.4%)	128	(8.7%)
保险和养老金	191	(20.6%)	384	(27.6%)	403	(27.5%)
其他	57	(6.2%)	49	(3.5%)	59	(4.1%)
合计（万亿日元）	926	(100.0%)	1390	(100.0%)	1465	(100.0%)
美国						
现金和存款	3.3	(22.8%)	4.4	(13.2%)	7.3	(14.7%)
债券 [a]	1.8	(12.4%)	2.9	(8.7%)	4.8	(9.7%)
投资信托 [b]	0.5	(3.5%)	2.7	(8.1%)	4.9	(9.8%)
股票和其他股权 [c]	5.0	(34.2%)	12.8	(38.7%)	17.6	(35.4%)
保险和养老金 [d]	3.7	(25.3%)	10.0	(30.1%)	14.4	(29.0%)
其他	0.3	(1.7%)	0.4	(1.1%)	0.7	(1.4%)
合计（万亿美元）	14.6	(100.0%)	33.2	(100.0%)	49.8	(100.0%)

注：[a] 包括公开市场票据、美国国债、机构和政府资助的企业证券、实证证券、公司和外国债券、抵押贷款；[b] 共同基金股份；[c] 公司股权、非公司企业的股权；[d] 人寿保险储备金、养老基金储备。

这些变化一部分是受股价大跌之后股份市场价值下降的影响。日本央行（2000）对每一财年金融投资流向的分析表明大部分居民储蓄是现金、存款（包括邮政储蓄）和保险以及养老金。

与之相反，美国"安全资产"的比重小，而"风险资产"的比重大。明显地，在20世纪90年代，安全资产的比重一直在下降（从金融总资产中的22.8%下降至13.2%），风险资产的比重增加（从50.1%增长至55.6%）。这个可能部分是由于股票市场估值变化。但是，我们应该考虑到"现金和存款"比率的增加（大约33.3%，从3.3万亿美元至4.4万亿美元）相比于总资产的增长（大约2.27倍，从14.6万亿美元到33.2万亿美元）微乎其微。这至少与日本家庭风险厌恶的投资组合选择形成了鲜明对比。进一步地，虽然金融改革"大爆炸"旨在通过重新安排家庭部门持有的资金，从间接的金融体系转变为一个直接的金融体系，来应对加速的老龄化社会，我们发现日本家庭投资组合的风险偏好仍然没有改变。我们将在第六章考察此问题。

二、金融中介结构特征和变化

日本央行将金融中介归为三大不同类型：

（1）存款公司，包括银行、邮局和集体管理信托。

（2）保险和养老金。

（3）其他金融中介，包括证券投资信托、非银行金融机构、信托基金局和政府金融机构。

考察表4.7显示的金融中介负债结构，日本存款公司持续占据金融中介的大量份额（BOJ，2000），尽管它们的比重在十年内有所下降（从1990年3月末的60.1%到2000年3月末的51.7%）。然而，在整个20世纪90年代存款公司存款在总的金融负债中的比重仍然几乎没有变化（37.1%~36.9%）。实际上，比重在2004年3月末上升至40%。相比而言，随着存款作为资金来源的急剧下降，美国存款公司从十年前最大的金融中介（37%）下降为最不重要（21.5%）的金融中介。

表 4.7　金融中介负债结构（日本和美国的对比）

金融中介类别	1990 年 3 月末	2000 年 3 月末
日本		
存款公司	JPY 1357 trillion（60.1%）	JPY 1528 trillion（51.7%）
存款	37.1%	36.9%
借款	8.4%	7.3%
债券	5.8%	4.2%
股票及其他股权	4.9%	1.7%
保险和养老金	JPY 220 trillion（9.7%）	JPY 422 trillion（14.3%）
保险和养老储备	8.5%	13.0%
其他金融中介	JPY 681 trillion（30.2%）	JPY 1005 trillion（34.0%）
信托基金局的存款	10.2%	15.0%
借款	11.8%	10.9%
债券	3.2%	3.0%
投资信托	2.3%	1.9%
股票及其他股权	1.2%	1.4%
美国		
存款公司	$4.8 trillion（37.0%）	$7.4 trillion（21.5%）
存款	27.5%	13.2%
借款	3.5%	4.0%
债券	1.6%	0.9%
保险和养老金	$4.2 trillion（32.6%）	$11.6 trillion（33.5%）
保险和养老储备	21.0%	29.5%
其他金融中介	$4.0 trillion（30.4%）	$15.6 trillion（45.0%）
借款	1.9%	2.8%
债券	17.1%	19.8%
投资信托	8.5%	18.9%

资料来源：BOJ，2000 等。

在资产端，表 4.8 表明在日本金融中介总资产中"贷款"（存款公司的贷款、保险和养老金贷款以及其他金融中介的贷款）的比重仍然占资产的一半以上（1990 年 3 月末为 54.4%，2000 年 3 月末为 51.2%）。然而，存款公司贷款的比重十年间有所下降（从 31.1% 降至 24.5%），而其他金融中介机构贷款，尤其是公共金融机构贷款的比重从 20.1% 增长至 23.4%。据日本央行的研究（2000），公共金融机构不良资产在金融中介中的比重从 1990 年 3 月末的 15.4% 上升至 2000 年 3 月末的 22.0%。总体而言，政府金融机构依赖来自信托基金局的存款资金，这是由邮政储蓄转化而来的。与

表 4.8　金融中介资产结构（日本和美国的对比）

金融中介类别	1990 年 3 月	2000 年 3 月
日本		
存款公司	JPY 1317 trillion（58.1%）	JPY 1521 trillion（51.3%）
现金和存款	6.6%	5.0%
信托基金局存款	5.8%	8.7%
贷款	31.1%	24.5%
债券	7.0%	8.4%
股票及其他股权	3.3%	2.2%
保险和养老金	JPY 273 trillion（12.0%）	JPY 450 trillion（15.2%）
贷款	3.2%	3.3%
债券	2.6%	6.3%
股票及其他股权	3.8%	2.6%
其他金融中介	JPY 677 trillion（29.9%）	JPY 995 trillion（33.5%）
贷款	20.1%	23.4%
债券	4.3%	5.2%
股票及其他股权	3.2%	1.5%
美国		
存款公司	$4.9 trillion（35.0%）	$7.6 trillion（20.8%）
贷款	22.7%	12.8%
债券	7.2%	4.4%
保险和养老金	$4.4 trillion（31.5%）	$12.1 trillion（33.2%）
贷款	3.2%	1.3%
债券	15.3%	13.1%
股票及其他股权	7.4%	15.5%
其他金融中介	$4.7 trillion（33.5%）	$16.8 trillion（46.0%）
贷款	15.8%	15.6%
债券	10.8%	13.3%
股票及其他股权	3.2%	11.5%

资料来源：BOJ，2000 等。

之相比，美国存款公司贷款比重在过去十年间下降（从 22.7% 下降至 12.8%），而其他金融中介的股票及其他股权的比重、保险和养老基金的比重增加（从 10.6% 增至 27%）。

概括而言，以上讨论表明在 20 世纪 90 年代，美国加强了其"证券导向"的金融结构，而日本金融结构继续依赖间接融资。美国在过去的十年，与传统存款公司相比，其他金融中介如非银行金融中介⑦ 和证券投资信托的比重一直持续快速增加。相反，日本在整个 20 世纪 90 年代，虽然存款公司比重有轻微下降，但是邮政储蓄和公共金融机构等公共部门作为金融中介从家庭部门吸收"安全"资金。由于日本家庭部门的风险厌恶，因此日本金融结构的关键特征是"安全"资金的大量剩余，"风险"资金的稀缺。这与美国的金融结构形成了鲜明对比。

三、日本金融的结构性问题

日本金融结构最重要的问题在于日本家庭部门在投资组合中选择的偏好，在整个 20 世纪 90 年代，大量提供的资金仍然是风险厌恶型的，并且金融结构继续依赖间接融资。因此，日本银行仍然需要将日本家庭风险厌恶型的储蓄转化成长期投资。然而，随着日本企业达到技术前沿，只有日本银行能够形成满足新监管职责挑战的监管能力，这种长期中介才有可能。此外，日本银行只有同时满足《巴塞尔协议》下的短期投资组合质量条件才能运行这项功能。这个条件是去监管后要求的，使得日本银行很难发挥将风险厌恶的储蓄者转化为长期产业投资者的传统作用。

我们在此关注的结构性问题是日本银行管理者想要成功尝试调整为证券主导的金融体系，它们就需要日本家庭部门有足够多的、多样化的"风险"资金提供者作为基础。而日本明显拥有大量诸如现金和存款等"安全"资金剩余，很少有诸如股票、股权和证券等"风险"资金的提供者。而这些"风险"资金是培育新企业和新产业所必需的。当没有其他类型投资者驱动股票市场复兴为前提条件，他们追求与投资银行或资金管理相关的佣金导向的商业机会的战略最终只能是无效的，这并不令人惊讶。案例研究中，长期信贷银行的逐渐衰败即是这方面的说明（见第五章）。事实上，设计拙劣和鲁莽地转向英美证券导向体系是日本金融衰退深化的关键因素，因为它没有处理金融去中介化问题，而没有金融去中介化，实体经济的复兴则不太可能。

在宏观层面，转向证券导向和公平竞争的英美监管模式低估了日本银行放弃金融中介角色的影响。相反，只有在日本银行作为资金流动和配置监管者，其传统作用在日本间接金融结构下得以维持和加强的情况下，才可以存活。就如先前所述，日本银行主要通过贷款的形式配置资金，这在历史上对日本所有的公司融资贡献了 90% 左右（据 2003 年日本内阁统计，2002 年日本银行未偿贷款下降至 1991 年未偿贷款总额的 82%）。FFA（日本央行，2000）表明以股票计非金融部门仍然是最大的净负债者，截至 2000 年 3 月，非金融部门不良资产为 739 万亿日元，未偿债务为 1469 万亿日元。以流动资金计，FFA（日本央行，2000）显示 1999 财年非金融部门的财政结余总计 21.7 万亿日元。根据日本央行报告，尽管 1999 年公司利润恢复，但是按计划的实际投资和设备投资仍然有限。盈余被用来偿还债务和投资于金融资产。债务构成表明借款（贷款）为 556 万亿日元，而股票及其他股权总计为 500 万亿日元。[8] 有趣的是，工业证券（公司债券、商业票据及居民发行的外国证券总和）占据相对小的份额——78 万亿日元（BOJ，2000）。

一方面，不良贷款的累积部分地阻碍了资源向新产业和新项目的有效流动和配置，这些不良贷款可能还没被充分计提。IMF（2000）估计，至 2000 年 3 月，17 家银行不良贷款累积的真实程度达到了约 65 万亿日元。估计发现损失为 6.2 万亿日元（最低线）至 21.2 万亿日元（严格的情况下）。[9] 据报道，截至 2002 年，11 家主银行（包括大和银行，但不包括新生银行和青空银行）所持有的未偿不良贷款为 26.8 万亿日元，比上一年下降了 20.2 万亿日元，约 24.4%（日本内阁，2003）。

另一方面，在 20 世纪 90 年代，日本存款公司在金融中介的权重有某种程度的降低。私营非金融部门资金需求的降低不仅导致了即将到来的金融危机，而且导致了部分日本银行对借贷的谨慎态度。尤其是，随着日本银行审查和监控模式的改变，在 1997 财年下半年及 1998 财年上半年，信贷配给引起舆论哗然。这种变化一部分是由于《巴塞尔协议》。在《巴塞尔协议》下，通过满足严格的短期投资组合质量条件的要求，日本银行作为长期中介和监控者的角色被重新定义。因此，发展适合于将日本家庭部门的风险厌恶型资金调整到新风投和新产业部门的金融中介路线并使之制度化的失败导致了日本金融危机，并拖长了经济停滞时间。需要公共金融机构注意的是，整个 20 世纪 90 年代，公共金融机构邮政人寿保险的增加显示出高增长态势。公共金融机构的贷款流入到以下渠道：①中央政府（42.5 万亿日元，13.9%）；②地方政府（58.3 万亿日元，19.1%）；③公营非金融公司（67.4 万亿日元，22.1%）；④私营非金融公司（46.4 万亿日元，15.2%）；⑤家庭部门（90.8 万亿日元，29.7%）。迄今为止，它们的投资组合选择是保守的。同时，1993 年以来一般政府部门的财政赤字在扩张。更深入的研究需要考察公共金融机构的贷款如何用来培育新产业。据报道，进入资本市场有限制的日本中小企业的不良贷款从 1998 年的 345 万亿日元降低到 2003 年的 260 万亿日元（SMEA，2004）。

许多美资银行或非银行投资公司，如通用资本和利普伍德等拥有的大型私募股权基金表现出投资日本新创企业和困境公司的兴趣，以管理层收购为目标，从重组中获取收益。然而，我们能在多大程度上期望它们能代替长期中介渠道将日本家庭部门储蓄流向幼稚产业？Rodrik（1997）研究指出，全球化正暴露出在自由世界市场上有技能和流向繁荣之地的人们——明显的成功者——和那些没有这些特质的人们之间的鸿沟。前一种类型包括资本的拥有者和许多专业人士，他们能自由去任何地方并重新得到资源以最大化他们的收益。在任何程度上，我们都不能指望他们提供解决特定金融市场结构问题的长期承诺。

第五节
结论与评论

本章认为，在面临监管"前沿公司"新挑战和金融市场国际化的结果对租金产生压力的情势下，日本银行天真地采取了"以规则为主导"的英美管理信用风险的方法。新古典经济学主张采取巴塞尔范式以及采取英美金融准则，而这种主张错误地假设这些体系具有普遍适用性。但是，由于一系列结构性原因，这种对策不仅不合时宜，而且加深了日本旷日持久的经济萧条和金融衰退。首先，日本金融市场机构不适于对日本银行的融资任务进行重新定义，使其脱离作为家庭储蓄转化为长期融资的中介机构。其次，这意味着日本机构出借者不得不在这些任务不能被大量异质性风险吸收投资者私有化的环境下采取和学习管理不确定性的方法。在这样的背景下，在没有分散风险和不确定性的制度前提下，计划不周地转向英美方式来管理信用风险，只能加深日本金融中介和监控的结构性失败。

当然，随着经济日益复杂，一些风险管理工具是有必要的，但是英美体系下规则主导的信用风险评估似乎并没有普遍适用性。实际上，在计划不周地转向英美金融体系的过程中，日本为新企业和新产业配置金融资源的传统模式中重要的和有价值的部分被丢失。如果日本银行监管者和银行家试图保留传统体系中的这些要素，采取一种修正的方式，那么日本经济，特别是日本金融市场面临的一些困境也许就不会那么严峻。这引申出如下问题：

（1）假设在日本金融市场结构中非常难以采用英美监管模式，那么日本也不可能平稳地转向英美监管模式。但是眼下，为了应对这些问题，日本能否复兴其传统银行体系的各个方面？

（2）如果日本无法重新回到传统监管模式，那么它能找到一种更好的模式吗？为什么保护体系的参与者未能识别出替代模式，毕竟这个体系在战后时期对重建所需的金融资源配置十分有效？

基于本章节及先前章节的讨论，我们对问题（1）不直接回答。根据日本的技术能力，在日本经济处于追赶期时，日本银行审查和监控活动的要素是简单地监控借款公司吸收和提升国外早已大量发展的技术和工程诀窍的管理能力和努力。在这一时期，对新兴技术的商业和工程价值评估本身对于日本银行而言并不重要。出借者对于借款者信誉的自信更多地取决于借款者是否全力以赴或者退避三舍。作为准内部人，主银行通过建立密集的参与网络获得信息。这些信息不仅有助于主银行挑选借款公司，并且使得借款者难以玩忽职守。当更多的日本企业达到国际技术和市场前沿，日本就进入前沿型经济时期，它们的生意和投资面临日益增长的根本性的不确定。日本企业越来越多的投资和研发活动决策在不确定性条件下做出，主银行也面临更大的根本性不确定。即便主银行作为准内部人深度参与公司运营，但是这不能减轻由与创新投资相关的根本性不确定造成的问题至其在追赶型经济时期所做到的程度。就此而言，坚持传统监管模式或者试图复兴传统监管模式都是无效的。

然而，如果主银行对问题有更好的理解，适应投资不同的创新实验，并且期望只有其中一部分会取得成功，则网络监管可能会适应应对更高水平的根本性不确定。这将意味着在处理失败时，在监管者协助下的重组利润会取得更高的平均利润，而不是通过扩张低利润公司的数量来试图对低利润进行补偿。如此进化发展的优势在于将建立日本银行业竞争力，并且与日本经济中介的要求协调一致。

我们对于问题（2）的回答更为悲观。尽管很难期望完全地和成功地转向英美体系，但是就目前来判断，日本放弃尝试的成本必将极其高。日本面临的难题不仅是由现存体系的无效（技术上讲，这个体系高昂的交易成本）造成的，而且也是由转型到替代体系更高的转换成本造成的。就此，我们可以说日本遭受到转型失败的所有痛苦。当我们想要解释制度变迁的方向和步骤时，不论正式制度，还是非正式制度都非常重要。我们将在第七章讨论转型的问题。

第五章

案例研究：长期信贷银行的倒闭

第一节

引　言

　　日本金融及监控系统的经济环境发生改变，到底对日本银行界的经济效益有何影响？笔者在第一章曾谈论过，日本的金融系统居全球首位，尤其是银行系统。在全球总贷款资产排名前十的银行中，有九家来自日本，其中就包括日本长期信贷银行有限公司（LTCB）。然而，日本以银行为主的金融系统在 20 世纪 90 年代经历了巨大的衰退，直至写作本书之时仍未恢复。LTCB 也在 1998 年 10 月倒闭。

　　LTCB 倒闭从各个方面显示了这场影响日本银行系统的危机有哪些重要特点。本案例的分析旨在研究 LTCB 在盈利能力及金融系统中位置的变化，希望能以此改进理论与实际数据间的关联。

LTCB 大事件编年表①

1897 年：日本政府创立劝业银行以帮助国家在明治时代追赶西方经济。

1952 年：美国将经济大权交还给日本政府。池田内阁制定了日本战后
经济计划，包括创建长期信用银行系统。当年 12 月，在劝
业银行的基础上成立了长期信用银行有限公司。

1953 年：日本开始了经济高速增长的时代。

1973 年：石油危机导致增长放缓，LTCB 开始海外扩张。

1975 年：日本政府开始在国内创建债券市场，显著削弱了原有的长期
信用银行系统。

1985 年：LTCB 起草改革计划，要求本银行从传统的借贷市场转向新
型投资银行业务。《广场协议》签订后，日元大幅升值，而日
本的资产价格泡沫也日渐严重。

1989 年：LTCB 的总资产在全球排名第九。

1993 年：LTCB 搬进豪华的新总部大楼。

1995 年：政府使用国库金拯救东京协和工业株式会社和 ANZEN 公司，
这是日本自"二战"以来第一次采取此类行为。LTCB 随后
被爆出向 EIE GROUP 过度贷款的丑闻，致使其行长引咎辞职。

1996 年：桥本内阁施行了金融大改革，致力于让东京市场变得"自
由、公平、全球化"。

1997 年：政府收紧财政政策，使得经济银行衰退。

亚洲金融危机开始。

日本金融系统经历了第一次严重的动荡，北海道拓殖银行、
三洋证券、山一株式会社倒闭。

1998 年：亚洲金融危机加剧。

对于 LTCB 问题的谣言引发了日本股价的大崩盘。

为了拯救 LTCB 而选择与住友信托银行的合并提案最终被否决。LTCB 在全国范围内倒闭。

政府任命高盛为 LTCB 寻找新的所有人。

1999 年：政府宣布将把 LTCB 卖给 Ripplewood 集团。

2000 年：Ripplewood 接管 LTCB，将其改名为新生银行。

第二节
LTCB 盈利能力的变化

值得一提的是，日本兴业银行（IBJ）和 LTCB 此类长期信贷银行在事前监管的量化、个性化及广泛性上起到了推动作用，该监管方式通过长期借款加速了日本的工业发展。"二战"后，日本经济开始腾飞，包括日本开发银行（JDB）在内的长期信用银行和金融机构的资金比重达到了顶峰：在 1955 年占据了所有新投资的 50% 以上。在 20 世纪 50 年代，JDB 的贷款主要集中在公共设施领域，尤其是电力及海洋运输方面。到 1960 财政年末，这两项贷款占 JDB 未偿贷款总额的 83%（Aoki，1994，p.114）。在 JDB 及 IBJ 的主要借贷行业中，电力行业在日本经济腾飞时期占据重要的战略地位。即使在经济快速增长之后的一段时期内，电力行业的贷款份额依旧占很大比重，直至 20 世纪 80 年代中期仍超过 25%。与此同时，城市银行在总投资借款中的份额自 20 世纪 60 年代中期以来一直在不断增长（Aoki，1994，p.115）。

Aoki 在书中写道，对于日本传统城市银行的事前监控，政府金融机构及长期信用银行在一些重要方面是一种补充，尤其是 IBJ 提出的行业战略性及工程相关的判断方法。这一方法改善了城市银行作为事实财团的联合融资方对其客户公司在管理方面能力的评估。在主银行系统也是如此，许多日本公司不仅因其需要借贷流动资金而与城市银行（也可能是地区银行）中的主银行维持良好的关系，同时还因其借贷长期投资基金而与长期信用银行保持良好的关系（Aoki 等，1994，pp.33–35）。

Aoki 强调，城市银行的事前监控形成于政府—产业—银行这一框架内，是日本经济高速发展初期的产物，目的在于调节战略性产业的投资决定。一旦确定了这一发展道路，产业的投资决策和银行领域的信用决策就会迅速分散化。战略性投资的跨产业与跨期互补性会为战略性产业的投资增加盈利，减少风险。而由保险公司、信托银行、小企业银行构成的私人金融机构（不包括非银行金融机构），在该时期提供了大部分的设备资金。对于信托银行和保险公司也是一样，其监控任务也交由其主银行完成（Aoki，1994，p.114）。

如第四章第二节所述，日本银行的资产利润率已经从 20 世纪 70 年代开始下降，主要原因是国际化和脱媒导致的借款竞争加剧。此外，日本政府在 1975 年开始创建债券市场，这一市场削弱了以银行为中心的金融系统，长期信贷银行也有权发行债券或银行债券（详见第三章第四节）。

表 5.1 显示了 LTCB 自 1981 财政年（1982 年 3 月）至 1997 财政年（1998 年 3 月）的净收入[②]。银行的总收入（当前收入）虽与公司的总销售数据相匹配，却明显不适用于评估其经济表现（根据银行的记录，1987 财政年的总收入是 1.45 兆日元，与上年相比增长了 14.1%。1988 财政年是 1.52 兆日元，比上年增长了 5.1%。1989 财政年是 1.98 兆日元，比上年增长了 30.2%。1990 财政年是 2.21 兆日元，比上年增长了 11.4%。值得注意的是，即便从 1991 年 3 月开始，其贷款的利率在逐步下降，但其总收入直到 1996 财政年一直在稳步增长）。

自 1981 财政年至 1985 财政年，LTCB 的净收入利息基本保持平稳。为响应金融自由化（详见第四章第二节），LTCB 保留了美国信孚银行作为顾问。美国投资银行在 20 世纪 80 年代早期提出了风险调整资本收益率

表 5.1　LTCB 净收入的变化

单位：十亿日元

财政年	（1）净利息收入	（2）净费用收入	（3）交易中的净收入 a	（4）其他收入 b	（5）出售股票的收入	（6）总净收入 [（1）+（2）+（3）+（4）]
FY 1981	108.0	1.3	−4.9	0.9	NA	105.3
FY 1982	126.2	3.1	3.1	1.1	NA	133.5
FY 1983	108.3	5.1	10.4	0.8	NA	124.5
FY 1984	112.1	4.4	4.4	1.2	NA	122.1
FY 1985	120.9	4.9	19.1	1.1	NA	146.0
FY 1986	169.6	2.6	16.7	1.1	NA	190.0
FY 1987	218.4	4.8	4.5	1.2	NA	228.9
FY 1988	169.3	9.5	−63.4	153.1	80.5	268.5
FY 1989	137.4	10.2	−11.4	173.3	144.3	309.5
FY 1990	118.8	14.9	−1.9	136.4	112.9	268.1
FY 1991	151.3	13.4	2.6	178.1	168.8	345.5
FY 1992	152.6	26.7	39.3	86.2	74.0	304.8
FY 1993	73.7	14.9	88.0	292.1	267.0	468.7
FY 1994	50.2	15.5	27.8	456.0	427.5	549.5
FY 1995	96.6	21.5	115.9	468.5	441.2	702.5
FY 1996	179.2	14.9	49.4	346.4	319.8	589.9
FY 1997	178.0	35.0	−1.9	231.8	219.4	442.9

注：a 主要由国债交易的收入构成。1997 财政年的数据包括金融衍生品的净收入。b 主要由出售股票的实际资本收益构成，已单独列在（5）中。

资料来源：作者基于 LTCB 的财务报表整理而得。

（RAROC）这一概念。LTCB 的第五个长期战略计划就体现了信孚银行的这一概念。该计划在 1985 年出台时被称为具有创新意义的计划，其中指出，贷款资产的质量比其数量的扩张更为重要，高质量资产可有效管理金融风险。然而，1988 年出台的第六个长期计划却为了使国内名义利润最大化而回归贷款资产扩张策略。

正是在这种变化的情势下，基于关系建立的非算法型监控模式（详见第三章第四节）在 20 世纪 80 年代后期开始出现问题。为了填补资产利润率的下降及维持名义利润，许多日本银行无奈选择减少监控成本或使用杠杆扩大其贷款资产。与此同时，金融自由化低估了重要租金的基础，这一基础推动了以租金为基础的监控模式的发展（详见第四章第二节）。1984~1994 年逐步放开了存款利率的计划。

1986 年，LTCB 改变了其信用分析/审批政策，将重心从现金流预测分析转向抵押物价值的评估。这一改变表明：①银行意识到其正在失去监管客户公司的有效权力（尤其是除了财务报表上体现的信息之外，很难让借款人披露更多的信息）；②银行内部需要加速信用审批流程以增加贷款资产。1988 年，银行安装了电脑软件来分析借款人的财务报表。该软件基于已有文件对财务比率和盈利趋势进行计算，并基于这些数据向信贷员发出警告，而不再是通过信贷员进行大量的沟通和判断来评估借款人的资产流动性或盈利能力。沟通和判断已经无法公正地分析财务信息。这种监控模式的改变，一部分原因是为了避免因国际化和脱媒而导致的监控成本增加。但采用监控软件可能会对银行的监控能力产生负面影响，形成一种无须再保留或进一步发展"直觉"监控技术的印象，即银行从业者无须对其负责的金融业务进行大量的人性化参与。也正是在这段时间，注重对抵押品评估的信用政策得到加强。

泡沫经济的影响

表 5.2 说明了五个主要的领域内未偿贷款敞口的变化。在 1998 年 3 月，即 LTCB 即将破产之前，该银行在这五个领域内有着大量的贷款敞口。这五个领域为：①非银行金融机构；②房地产；③服务业；④制造业；⑤批发及零售。自 1990 年起，这五个领域的贷款敞口份额超过了 78%。其中制造业的贷款敞口份额在 1985 年 3 月超过了 20%，到 1998 年 3 月已降至 9%。但值得注意的是，制造领域的未偿贷款额仍稳定在一定水平上（见表4.1）。

表 5.2　贷款敞口在主要领域的份额变化

财政年	制造业		零售业		非银行类		房地产业		服务业	
	（十亿日元）	份额(%)	（十亿日元）	份额(%)	（十亿日元）	份额(%)	（十亿日元）	份额(%)	（十亿日元）	份额(%)
FY 1984	1959	21.9	935	10.4	1537	17.2	809	9.0	1126	12.6
FY 1985	1931	19.4	958	9.6	1785	17.9	1020	10.2	1449	14.5
FY 1986	1805	16.6	962	8.9	2140	19.7	1306	12.0	1725	15.9
FY 1987	1726	14.2	1115	9.2	2600	21.4	1544	12.7	2099	17.2
FY 1988	1584	12.1	1233	9.4	2878	21.9	1776	13.5	2465	18.8
FY 1989	1503	10.4	1466	10.1	3138	21.7	2029	14.0	3015	20.9
FY 1990	1796	11.3	1717	10.8	3524	22.1	2171	13.6	3314	20.8
FY 1991	1847	11.1	1712	10.3	3747	22.5	2276	13.7	3457	20.8
FY 1992	1943	11.5	1631	9.6	3724	22.0	2284	13.5	3713	21.9
FY 1993	2030	11.9	1587	9.3	4029	23.6	2542	14.9	3341	19.5
FY 1994	1950	11.6	1577	9.4	4027	24.0	2662	15.9	3132	18.7
FY 1995	1858	11.2	1537	9.3	3766	22.7	2748	16.6	3114	18.8
FY 1996	1649	10.0	1414	8.5	4018	24.3	2827	17.1	3043	18.4
FY 1997	1311	9.0	1183	8.1	3704	25.3	2703	18.5	2674	18.3

资料来源：作者基于 LTCB 的财务报表整理而得。

与此相反，非银行金融机构、房地产及服务领域的借款份额有所增长。此外，应注意到流向非银行金融机构的多数贷款都会最终再次投资到房地产领域及房地产公司。

LTCB 的净利息收入在 1986 财政年有大幅提升，比上年增加了 40.3%。到 1987 财政年为止，银行的利息收入增长到 2183 亿日元，再度增加 28.7%（见表 5.1）。借款产生的收入直至 1990 财政年一直在持续增长，高达 19738 亿日元（见表 5.3）。贷款的急速扩张，其部分原因是这一时期的经济泡沫加剧。正如第四章第二节所述，这一现象的根源在于日本银行使用杠杆扩张其贷款资产，向房地产及建筑行业大量借出高收益（同时高风险的）贷款，以此来弥补其传统业务收益的下滑。其净利息收入在 1987 财政年达到顶峰。需要注意的是，即便日本的泡沫经济如此严重，LTCB 的净利息收入在 1988 财政年才开始下降（见表 5.1）。在 1988~1990 财政年，银行贷款成本的增长率开始超过贷款投资收入的增长率（见表5.3）。盈利能力相关数据的下滑在银行面临危机的最后阶段是一个重要的特征。

表5.3　利息收入和资金成本的变化

财政年	使用资金所获收入		筹资成本	
	（十亿日元）	变化率（%）	（十亿日元）	变化率（%）
FY 1987	1280	8.13	1062	4.68
FY 1988	1315	2.71	1146	7.89
FY 1989	1725	31.16	1587	38.55
FY 1990	1974	14.43	1855	16.86
FY 1991	1971	−0.13	1820	−1.89
FY 1992	1934	−1.91	1781	−2.15
FY 1993	1762	−8.86	1688	−5.19
FY 1994	1803	2.33	1753	3.83
FY 1995	1994	10.57	1897	8.23
FY 1996	1771	−11.18	1592	−16.1
FY 1997	935	−47.23	757	−52.47

资料来源：作者基于LTCB的财务报表整理而得。

LTCB的净利息收入在1993财政年急剧下降，比上年降低了51.7%（见表5.1）。事实上，银行盈利能力的下跌状况比数据显示出的更加严峻。通过采访LTCB的前重要员工，笔者了解到该银行开始大规模采取利率互换交易，在日本总公司和海外支行或分公司间采取借记信用交易将收入转入总部。表5.4数据显示，总公司自1992财政年后便从利率互换中享有高额净收入，这表明海外支行或分公司转入了大量利润。因此，国内借款市场利息收入的实际降低值远比数据看上去的严重。表5.4的最后一列是纯净收入，不包含因利率互换交易的净收入。这些数据显示出日本国内市场的利息收入在1993~1995财政年受到了严重的削弱。可因此推测，在这一时期，不良贷款对利息收入的降低产生了重要影响。

表 5.4　LTCB：利率交换及调整后的净利息收入

单位：十亿日元

财政年	使用资金所获收入	筹资成本	净利息收入	（利率互换所获收入）	（利率互换的成本）	利率互换的利润 [a]	调整后的净利息收入 [b]
FY 1987	1280.4	1062.0	218.4	NA	NA		
FY 1988	1315.1	1145.8	169.3	26.7	20.7	6.0	163.2
FY 1989	1724.9	1587.5	137.4	48.3	42.0	6.3	131.2
FY 1990	1973.9	1855.1	118.8	70.7	79.9	−9.2	128.0
FY 1991	1971.3	1820.0	151.3	169.4	174.5	−5.1	156.4
FY 1992	1933.6	1780.9	152.6	332.3	301.7	30.7	122.0
FY 1993	1762.2	1688.5	73.7	433.7	384.5	49.2	24.5
FY 1994	1803.3	1753.1	50.2	483.2	440.3	42.9	7.3
FY 1995	1994.0	1897.4	96.6	841.0	778.5	62.5	34.1
FY 1996	1771.0	1591.8	179.2	858.3	846.7	11.6	167.6
FY 1997	934.6	756.6	178.0	190.4	170.3	20.1	158.0

注：a 利率互换的利润＝利率互换的收入−利率互换的成本；b 调整后的净利息收入＝净利息收入−利率互换的利润。

资料来源：作者基于 LTCB 的财务报表整理而得。

表 5.1 的数据显示出利差率的变化，我们认为这是净利息收入（见表 5.1）和未偿贷款组合（见表 5.7）之间的比例变化。净利息收入不包括因利率互换交易中产生的净收入③（见表 5.4）。笔者估算出 1981~1982 财政年的利差率约为 1.5%，而到了 1984~1985 财政年时，也就是泡沫经济即将爆发前，利差率降至约 1%。在 1986~1987 财政年，利差率有所上涨，然后，在泡沫经济达到顶峰的 1988 财政年，利差率又再度下降。此后，在 20 世纪 90 年代，利差率一直保持在 1% 以下。

根据 BOJ（2001b）的调查显示，在取样期间，即 1981~1988 财政年间，日本所有银行的平均利差率约为 1.74%。这次调查中，调查者获取借款及筹资利差的方式非常独特：调查者将总利差率分为两部分，一部分使用短期金融市场利率计算，另一部分使用存单上参考利率的三个月平均利率计算。根据该调查结果显示，在 1981~1988 财政年，贷款利差为 0.13%，筹资利差为 1.61%，两者合并后得到 1.74% 的平均利差率。这一结果显示，在 20 世纪 80 年代，日本各银行并没有依据合理的信用风险，在确保合适的贷款利差后定价。相反，银行的盈利更多依靠的是现存对存款利率上限的控制。

尽管各长期信用银行发行的用于筹资的债券票面利率比普通商业银行的存款利率要高，但筹资利差却是 LTCB 净利息收入的主要来源。笔者的焦点在于，20 世纪 80 年代中期解除存款利率控制导致了筹资利差下降，利差的下降为日本的银行寻求其他租金机会创造了动力。正如前文所述，LTCB 及日本各银行整体的融资成本在经济泡沫出现之时不断增长。因此，银行向房地产及建筑领域进行借款扩张正是寻求新租金机会的行为，它们也希望借此增加其利息收入和利差率。银行寻求这些租金也在很大程度上推动了金融泡沫的出现。因此，LTCB 像很多日本银行一样，在资金成本不断增长的情况下，向风险更大的项目增加了贷款敞口，榨取原本从筹资方面获取的租金。与此同时，LTCB 监控策略的重心从对可行性、盈利能力及预期现金流的大量分析转向对抵押物的评估，这一变化深受不良贷款快速增长的影响。而日本各银行没能对其贷款进行有效的筛选和监控正是不良贷款在这段时间快速累积的重要原因。

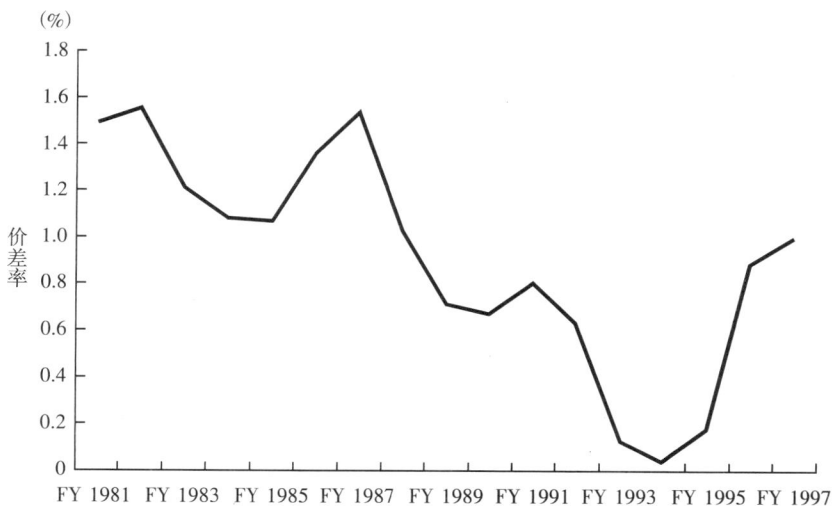

图 5.1　预期价差率变化（净利息收入 ÷ 未偿贷款 × 100）

资料来源：作者基于 LTCB 的财务报表整理而得。

第三节
对经济泡沫破灭的解释

根据 Fujii（2000）的调查，Katsunobu Onogi 在 1995 年任 LTCB 国有化前的最后一任行长。任职后，他宣布了 LTCB 企业战略的三大新支柱：①通过寻求高收益率的资产加强银行的利润基础，而不仅是扩大资产基础；②扩大其在亚洲的业务，这一区域有着经济快速增长的预期；③从银行大量投资的证券、交易及金融衍生品业务中获取利润。从 1995 年起，银行同样提高了应对潜在贷款损失的准备金，并打算核销不良贷款。然而，尽管提出了这些办法，却仍未能弥补因融资率下降而导致的利润降低。LTCB 曾在 1997 年 7 月试图通过与瑞士银行公司（SBC）进行战略合作来加强其在投资银行业务中的利润基础。同时，LTCB 寄希望于得到 SBC 的资助来缓解其流动资金问题。但是，这一尝试没能成功。从图 5.2 可看出 LTCB 当年利润的变化。

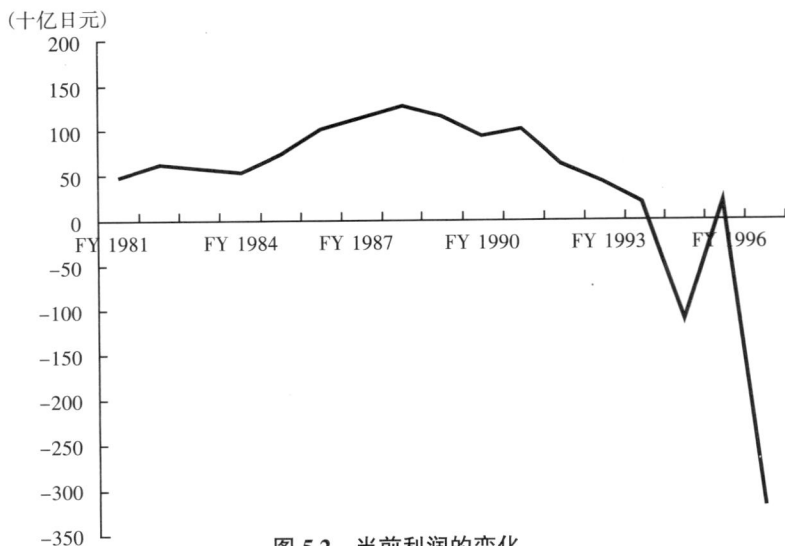

（十亿日元）

图 5.2　当前利润的变化

资料来源：作者基于 LTCB 的财务报表整理而得。

一、加强利息利润基础的尝试

LTCB 尝试过改善其贷款的信用政策和收益率，但不巧的是，这一尝试正赶上 1988 年《巴塞尔协议》的逐步实施。该协议从 1993 财政年开始正式施行。这一协议在管理风险方面给予日本借款人新的方式，但这些方式同时也有着不良影响。例如，该协议使用 OECD 选定的公共部门实体的证券或保证促使对贷款的抵押，以此减少敞口的风险加权（详见第四章第三节）。从 LTCB 的财务报表中可以看出，其下证券拥有前述方式"保证"的贷款份额有所增加，如表 5.5 所示。这些贷款主要用于维持风险加权资产的收益，但是，其加强利润基础的效果非常有限。因为这些得到担保的贷款，其价差（可获取的利润）非常少，这也反映出保证人的高可靠性。同时，LTCB 在 20 世纪 80 年代后期增加了中小企业未偿贷款的比例（见图 5.3 及第四章第二节）。这些贷款可能会带来相对较高的利差率。LTCB 的净利息收入在 1996~1997 财政年有所增加，部分原因就在于采取了这些新方法（见表 5.1）。然而，在 1997 财政年的财务报表中，因采取新的贷款分类标准，LTCB 发现其积累的不良贷款高达 13785 亿日元。

表 5.5　LTCB 贷款中，得到"保证"的证券份额

财政年	金额（百万日元）	份额（%）
FY 1990	2641.6	13.91
FY 1991	2676.7	13.76
FY 1992	2675.5	13.86
FY 1993	2771.5	14.47
FY 1994	2793.1	14.79
FY 1995	3392.8	17.87
FY 1996	3873.5	20.54
FY 1997	3274.6	20.77

资料来源：NEEDS，LTCB 的年报。

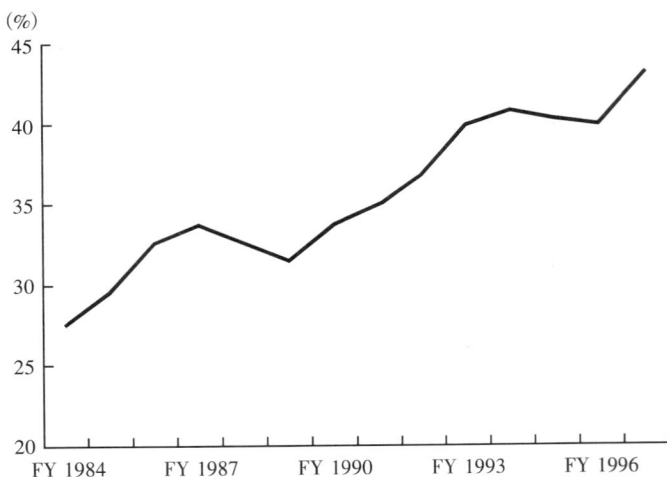

图 5.3　向中小企业未偿贷款的占比

资料来源：作者基于 LTCB 的财务报表整理而得。

二、亚洲的贷款业务

根据作者对 LTCB 前员工的采访，到 20 世纪 90 年代中期，LTCB 的国际信贷部才开始准备并采用新的信用政策和流程。这一变化的关键在于引入了经过编制的评估程序（一个电脑软件包）。这一程序使得银行能够基于 EDF 算法和外部评级代理的评估来计算信用风险，将其用于银行的内部业务。LTCB 的市场及贷款银团的员工都拒绝接受该评估程序，尤其是日本银行占主要位置的亚洲贷款银团市场的员工。这是因为电脑软件做出的风险加权价差比 1996~1997 年市场能承受的要高出许多。然而，由标准普尔和穆迪基于 EDF 算法编制的该评估程序却逐步发展，成为谈判贷款利差或证券条件的标准。

采访中还提到，银行作为放贷人，参与银团贷款而预期的收益并不能覆盖评估程序计算出的风险加权利差。然而，日本的银行热衷于在贷款银团中作为牵头人或代理以寻求机遇。在此之前，这一行业主要由美国和欧洲的银行把控，用相对较小的贷款敞口获取较大的手续费收入。1997~1998 年的亚洲金融危机深刻地改变了日本银行的借贷行为，从日本产业长期投资的主要借贷人转变为使用更加精简的贷款资产获得手续费收入以增加资产收益率。

三、净手续费收入和交易中的净收入

日本银行的内部人员都清楚，通过策略在银行投资业务中寻求更高的手续费收入，LTCB 是其中的佼佼者。但是，LTCB 在扩展其投资业务方面并没有太大成效。它的净手续费收入并没能扭转银行在盈利方面的压力。

银行交易所得的大部分净收入来自政府债券。从 1988 年起，大约 85%的收入来自交易政府债券（包括交易和赎回利益/损失）。唯一的例外出现在 1990 财政年，外汇交易占据了约 50%的交易收入。

自 20 世纪 80 年代中期起，LTCB 在交易业务中开始采取战略性优先方式，很快便成为了政府债券交易中的领军人。银行记录显示，1983 财政年的交易净利润为 171.25 亿日元，1984 财政年为 128.31 亿日元，1985 财政年为 169.69 亿日元。尽管其交易业务量在不断增加，但利润却在下跌，降至 1986 财政年的 44.53 亿日元和 1987 财政年的 73.63 亿日元。此后据银行记录，其交易业务在 1988 财政年亏损了 538.84 亿日元，1990 财政年亏损了 214.98 亿日元（见图 5.4）。

表 5.6 第三列的数据显示了 LTCB 10 年期政府债券的收益。10 年期政府债券作为一个重要指标，是第二大 交易债券且在东京证交所交易。最后一列数据显示出债券收益的同比变化。债券收益的下降意味着债券价格的上涨。1986~1987 财政年，由于债券价格的下跌，利率开始反弹。在这种情势下，自 1988 财政年起，LTCB 在债券交易中开始出现亏损。

在 1990 财政年，尽管银行在债券交易中损失了 214.98 亿日元，但趋势转向了其中一个下降的市场利率，致使债券价值上涨。在 1989~1990 财政年，日本金融厅（MOF）开始对房地产领域实施贷款上限，BOJ 也开始实施更加紧缩的货币政策，以抑制股票和房地产的价格膨胀。紧缩性货币

（百万日元）

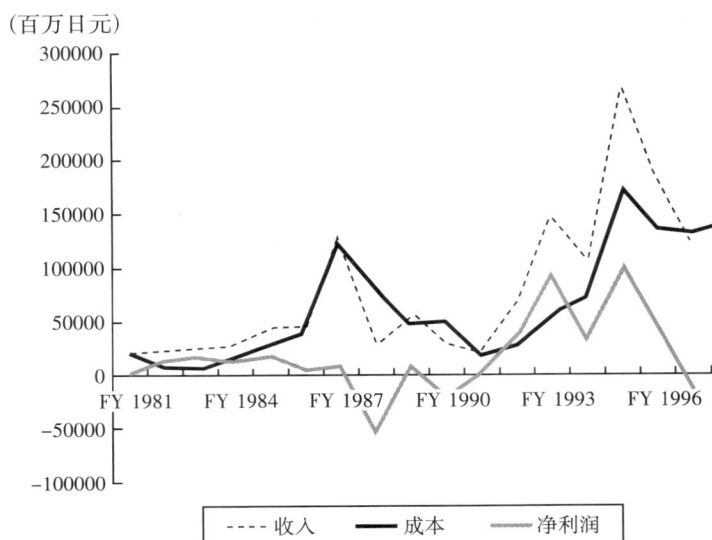

图 5.4　交易的收入及成本变化

资料来源：作者基于 LTCB 的财务报表整理而得。

表 5.6　LTCB 的交易净利润和标志性的 10 年期政府债券的收益变化

财政年	LTCB 的交易净利润 （百万日元）	标志性的 10 年期政府 债券的收益 [a]（%）	债券收益的同比变化 （%）
FY 1981	721	NA	NA
FY 1982	13971	7.36	NA
FY 1983	17125	6.46	−0.90
FY 1984	12831	5.55	−0.91
FY 1985	16969	5.26	−0.29
FY 1986	4453	4.51	−0.75
FY 1987	7363	4.75	0.24
FY 1988	−53884	5.72	0.97
FY 1989	7535	7.10	1.38
FY 1990	−21498	5.38	−1.72
FY 1991	2884	4.51	−0.87
FY 1992	36705	3.04	−1.47
FY 1993	92015	4.58	1.54
FY 1994	31428	2.90	−1.68
FY 1995	98565	2.57	−0.33
FY 1996	40036	1.65	−0.92
FY 1997	−13280	2.01	0.36

注：[a] 基于收盘价。

资料来源：作者基于 LTCB 的财务报表及内阁府 2002 年的统计数据整理而得。

政策导致人们对债券市场看跌。总的来说，银行在政府债券交易中的健康收入依赖于债券价格的上涨。也就是说，银行针对债券波动或下降的控制及管理市场风险（价格波动风险）的能力尚未得到完善的发展。

从 20 世纪 90 年代中期以来，为应对这场持续性极强的金融衰退和经济萧条，监管者一直采用货币放松供应政策。部分原因在于通过减少筹资成本来改善日本银行的盈利能力。随着市场利率的降低，LTCB 在证券交易的收入也在下降。然而需要注意的是，银行的收入仍具有较大波动。

四、出售股票的收入（实现资本收益）

银行开始通过出售其部分股票实现资本收益，以增加额外收入。尤其是在 1993~1994 财政年，银行以此填补因净利息收入快速下降导致的收入空缺，应对不良贷款的累积与逐步消除。表 5.1 的数据显示，在 1993 财政年，实现资本收益的收入在银行总收入的占比超过 50%。此后，这仍保持为银行的主要收入来源。

1989 年 3 月，LTCB 在其股票组合中持有 3.82 兆日元的未实现资本收益。到了 1994 年 3 月，未偿的未实现资本收益下降到 1.26 兆日元，银行也因需要实现部分资本而承受很大的压力。因其不断致力于实现资本收益及股价的长期滞胀，银行的未实现资本收益在 1998 年 3 月得到全部消除，尽管银行记录中显示在 1997 财政年有一笔价值 2471 亿日元的未实现资本亏损（见图 5.5）。

正如前文所述，在整个 20 世纪 90 年代，LTCB 实现的利息利差率一直维持在较低的水平（见图 5.1）。银行不断下降的低盈利能力，主要是由于逾期及延期支付利息的不良贷款增加所导致的。然而，一些言论认为，主要原因是银行没能扩大其借贷利差以反映不同的信用风险。BOJ（2001b）在早期的调查中指出，导致借贷利差发生变化的部分原因是 20 世纪 90 年代早期开始的日本银行界的信用风险意识上升。根据此调查，20 世纪 90

（十亿日元）

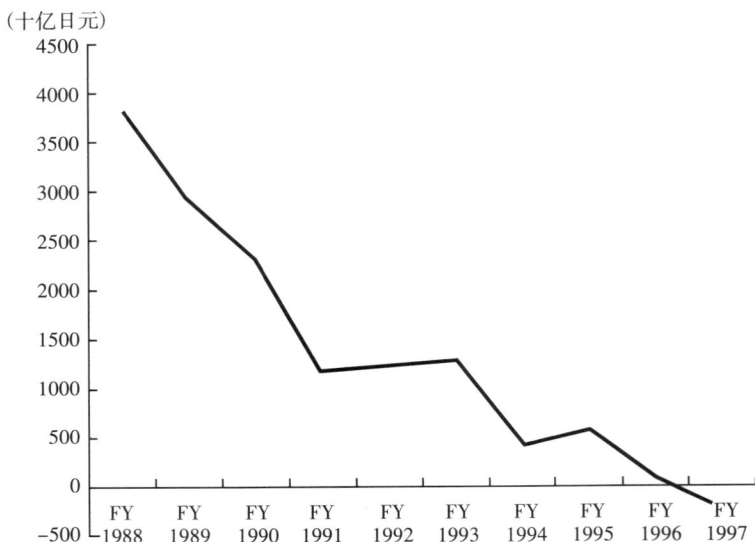

图 5.5　未实现资本收益的变化

资料来源：作者基于 LTCB 的财务报表整理而得。

年代中，日本各银行的平均利差率保持在 1.83% 左右，其中 0.9% 为借贷利差，0.93% 为筹资利差。但是，提高借贷利差只能抵消筹资利差的缩减，并不能覆盖贷款损失。这表明 LTCB 一类的银行认为自 20 世纪 90 年代早期开始出现的信用成本急剧增加仅为暂时性损失，而非结构性变化，因此也并不需要整体调整利差（BOJ，2001b）。但是，BOJ 指出，即便日本各银行认为一些信用成本的增加是日常损失，与客户建立的长期关系也使得它们很难一同扩张借贷利差。因此，包括 LTCB 在内的日本银行要被迫实现其持有股份中的部分未实现资本收益，以预提或核销不良贷款。

第四节
LTCB 金融地位的变化

LTCB 的贷款资产在 20 世纪 80 年代后期至 1991 财政年，也就是金融泡沫期间（见表 5.7），一直在增加。其贷款资产的年增加量分别为 1986 财政年末的 1.14 兆日元（与上年数据相比），1987 财政年末的 1.73 兆日元，1989 财政年末的 1.65 兆日元，1990 财政年末的 2.54 兆日元，1991 年 3 月的 0.65 兆日元，以及 1992 年 3 月的 0.46 兆日元。在 1992 年 3 月，贷款资产的未付清余款高达 19.45 兆日元，相比 1986 年 3 月增加了 8.18 兆日元，彼时正处于金融泡沫出现前。同时，净利息收入从 1986 年 3 月的 1209 亿日元增加到 1992 年 3 月的 1513 亿日元，增加了 304 亿日元。因此，借贷利差率从本就很低的 1.07% 降至令人惊诧的 0.78%。

表 5.7　LTCB 的主要类别资产

单位：十亿日元

财政年	总资产	贷款资产	现金/存款	证券	国库券	股票	担保金
FY 1981	12499	7214	1480	1974	805	444	958
FY 1982	14430	8095	2055	2090	857	484	1126
FY 1983	15763	8940	2071	2270	827	537	1108
FY 1984	18496	10332	2473	2810	830	590	1724
FY 1985	19370	11270	2241	3001	710	610	1690
FY 1986	20792	12412	1861	3675	1020	649	1843
FY 1987	22689	14143	2141	3583	860	842	1764
FY 1988	24850	15797	1878	3746	1004	1096	1896
FY 1989	30339	18339	2838	4612	1230	1495	2634
FY 1990	30697	18992	2640	4710	1017	1643	2488
FY 1991	31583	19453	2790	4819	1003	1714	2141
FY 1992	30866	19299	3234	4608	1024	1737	1722
FY 1993	29762	19154	2968	4587	1079	1992	1263
FY 1994	31720	18890	4860	4915	1180	2241	1116
FY 1995	29515	18982	1572	5400	1209	2577	1187
FY 1996	29165	18861	1583	5172	1212	2249	1244
FY 1997	26190	15765	1482	4135	1196	1756	1107

资料来源：作者基于 LTCB 的财务报表整理而得。

同时还有一点需要注意，除 1994 财政年外，自金融泡沫破灭后，银行的现金余额一直在减少（见图 5.6）。尤其是到 1998 年 3 月，未付现金余额降至 1000 亿日元以下，反映出银行的未偿性问题日益增多。同时，包括国库券和股票在内的有价证券未偿余额也更加稳定。但是一些有价证券的流动性在一定程度上受限，原因在于交叉持股、抵押或资金回流而导致其出售的可能性有限。这部分有价证券无法用于解决银行正面临的严峻的资金流动性问题。

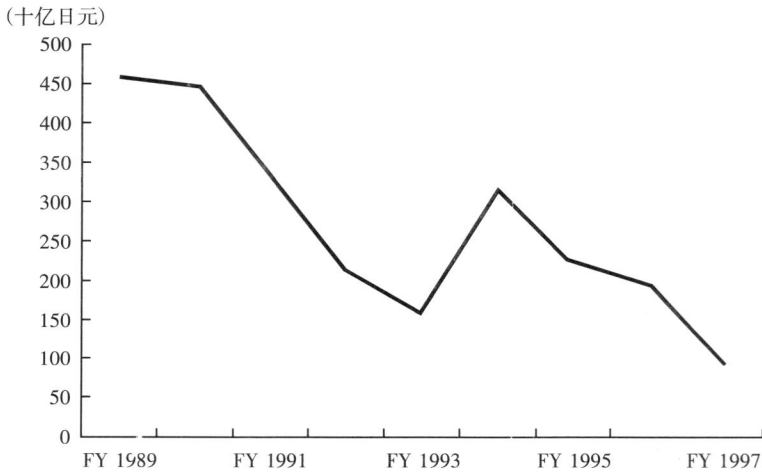

（十亿日元）

图 5.6　LTCB 的现金余额变化

资料来源：作者基于 LTCB 的财务报表整理而得。

　LTCB 的资金来源主要为债券（见表 5.8）。定期储蓄存款的资金成本高，其份额在 1988~1989 财政年有所增加，并在金融泡沫时期达到顶峰。这反映出 LTCB 的净利息收入自 1988 财政年开始下滑，并尝试通过各种方式增加贷款额以增加收入。定期储蓄存款的份额自 1995 财政年后有所上升（但在 1997 财政年再次下降，见表 5.9），同期的借款份额也居高不下，这些均反映出银行面临严重的资金流动性问题。

表 5.8　LTCB 各主要类别的总负债

单位：十亿日元

财政年	总负债	存款	CDs	债券	借款	其他负债	风险准备金	保证金负债
FY 1981	12209	2872	467	6968	179	43	64	958
FY 1982	14121	3227	818	7707	192	27	71	1126
FY 1983	15437	3289	838	8661	188	25	76	1108
FY 1984	18153	4269	804	9632	217	74	82	1724
FY 1985	19008	3988	493	10520	183	44	124	1690
FY 1986	20400	4019	555	11466	104	49	131	1843
FY 1987	22179	4798	922	12223	184	61	149	1764
FY 1988	24179	5178	1656	12802	222	114	169	1896
FY 1989	29370	7406	1799	14391	262	144	135	2634
FY 1990	29678	6518	1088	16477	372	151	126	2488
FY 1991	30521	6130	713	18382	533	285	134	2141
FY 1992	29797	6324	418	18177	837	284	162	1722
FY 1993	28687	5774	437	17895	824	150	315	1263
FY 1994	30644	7159	229	17674	934	161	397	1116
FY 1995	28572	5628	1321	16005	1010	691	498	1187
FY 1996	28213	6013	2060	15155	1304	608	458	1244
FY 1997	25403	4504	1408	11939	1609	1412	738	1107

注：CD 指的是定期储蓄存款。

资料来源：作者基于 LTCB 的财务报表整理而得。

前文提到，LTCB 1997 财政年的财务报表显示，因采用新的贷款分类方法，不良贷款累积达到 13785 亿日元，银行受到了严重影响。而 1997 财政年在贷款损失方面的估算风险准备金仅有 7383 亿日元（见表 5.8）。这意味着银行没有任何准备金（预提金）去覆盖 6401 亿日元的不良贷款余额。笔者也曾提过，LTCB 并没有保留任何未实现资本收益。更严重的是，彼时银行持有的未实现资本损失达到 2471 亿日元。这些数据表明，在 1997 财政年末，银行的权益资本已降至 7872 亿日元（见表 5.10）。这些权益资本仍不能覆盖不良贷款及未实现资本亏损。如果能够消除不良贷款或实现未实现资本亏损，银行将会出现负净值。

表 5.9　总负债中各项资金来源的份额

财政年	存款（%）	定期储蓄存款（%）	债券（%）	借款（%）
FY 1981	23.5	3.8	57.1	1.5
FY 1982	22.9	5.8	54.6	1.4
FY 1983	21.3	5.4	56.1	1.2
FY 1984	23.5	4.4	53.1	1.2
FY 1985	21.0	2.6	55.4	1.0
FY 1986	19.7	2.7	56.2	0.5
FY 1987	21.6	4.2	55.1	0.8
FY 1988	21.4	6.9	53.0	0.9
FY 1989	25.2	6.1	49.0	0.9
FY 1990	22.0	3.7	55.5	1.3
FY 1991	20.1	2.3	60.2	1.8
FY 1992	21.2	1.4	61.0	2.8
FY 1993	20.1	1.5	62.4	2.9
FY 1994	23.4	0.8	57.7	3.1
FY 1995	19.7	4.6	56.0	3.5
FY 1996	21.3	7.3	53.7	4.6
FY 1997	17.7	5.5	47.0	6.3

资料来源：作者基于 LTCB 的财务报表整理而得。

表 5.10　主要类别的权益资本

单位：十亿日元

财政年	权益资本	准备金 1	准备金 2	累积资金	净利润拨款	总资本账户	总负债+资本账户	资本比率（%）
FY 1987	140.2	49.8	22.5	241.6	55.88	510.0	22689	2.3
FY 1988	192.8	102.3	25.4	271.5	79.24	671.2	24850	2.7
FY 1989	318.5	228.1	28.8	321.4	72.47	969.3	30339	3.2
FY 1990	321.9	231.5	32.7	362.3	70.76	1019.1	30697	3.3
FY 1991	322.2	231.7	36.5	402.1	69.20	1061.8	31583	3.4
FY 1992	322.2	231.8	40.3	440.0	34.18	1068.5	30866	3.5
FY 1993	322.2	231.8	44.2	443.0	34.08	1075.2	29762	3.6
FY 1994	322.2	231.8	48.0	446.0	27.99	1076.0	31720	3.4
FY 1995	322.2	231.8	51.9	445.9	(107.92)	943.9	29515	3.2
FY 1996	322.2	231.8	54.3	314.6	28.67	951.6	29165	3.3
FY 1997	387.2	296.8	57.1	317.6	(271.62)	787.2	26190	3.0

注：准备金 1 是法定资本准备金，准备金 2 是留存收益的法定准备金。
资料来源：作者基于 LTCB 的财务报表整理而得。

LTCB 在 1998 年 10 月最终被国有化。这是日本国会备受争议的金融再生法实施后的第一例过渡银行案例。作者将在第六章第二节及第七章第三节进一步探讨 LTCB 国有化的过程。LTCB 在 2000 年 3 月又再度私有化，于 2000 年 6 月更名为新生银行。

第五节
结　论

本章致力于改善理论与实际数据的结合，引用了 LTCB 的案例。总体来说，需要注意 LTCB 的以下特点：

（1）LTCB 与日本兴业银行（IBJ）一类的长期信用银行拥有的共同点，即为日本重要的主银行。因此，它作为监控者和长期资金的中转在其中扮演了重要的角色。尤其是 LTCB 向电力生产和主要制造领域中转长期投资资金，这在"二战"后重建及直至 20 世纪 80 年代中期的经济高速发展时期都起到了重要的作用。但是，金融自由化和经济全球化（见第四章）的出现开始减小该银行的存在意义。

（2）1985 年被称为"富有创新性"的第五个长期战略计划，是 LTCB 基于美国银行的投资战略制定的。在该计划中，银行需通过管理多种金融风险来维持其盈利能力，而非简单地扩大贷款资产。然而，在 1988 年该计划被第六个长期战略计划代替。第六个计划的基础是回归到国内市场的贷款资产扩大以增加利润。

（3）从 20 世纪 80 年代中期开始，LTCB 对制造领域的贷款敞口份额在不断减少。与此相反的是，关于非银行金融机构及房地产领域的贷款敞口份额在不断增加。同时期的内部去筛选与监控策略发生了变化。新策略一改以往对于项目可行性、盈利能力及预期现金流的分析，转向对贷款抵押债券的评估。因此，LTCB 在 1986 年修改了内部使用的信用分析/批准表，将重点从现金流预测分析转向质押担保物价值分析。1988 年，LTCB 引入电脑软件对借款人的商誉进行分析。该软件可以基于对金融比率和收入趋势的计算对信贷员发出警告。

（4）LTCB 从 20 世纪 80 年代开始转移其战略重点，给予交易业务更大的权重，并因此在政府债券领域获得领先地位。但是银行交易政府债券的收入极易受到债券价格波动的影响，也就是说，银行控制及管理市场风险（价格波动风险）的能力还有待进一步完善。

（5）直到 20 世纪 90 年代中期，核销不良贷款的程序都非常有限，这加剧了 1994~1996 年贷款组合的质量问题。

（6）银行引入 vendor's 的软件以量化信用风险，主要用于国际借款业务。该软件在 1996 年左右引入用于亚洲地区的借款操作。

（7）自 1995 年起，LTCB 回归到寻求盈利能力的战略，但没能创造出新方案，也因此没能稳固其利润基础以弥补传统借贷业务中下降的名义利润。与此同时，银行在 1998 年 3 月产生了未实现资本获益的亏损。

第六章

不确定性加剧：日本在1997~1998年金融危机的政策和经济状况以及持续的经济滞胀

第一节

引　言

笔者曾讨论过，在战后和赶超时期，传统模式下的银行与监控在日本的运营曾相对平稳（见第三章及BOJ，2001b）。但随着时间的流逝，传统的筛选及监控模式的生存环境发生了极大的改变。这些变化包括：①金融分化的加剧为日本许多主要的借款人提供了更多开发多样化金融资源的机会；②随着全球化和银行业务的专门化，管理信用风险的难度在不断增加；③金融自由化减少了获得银行租金的机会。

本章将对1997~1998年金融危机，即LTCB国有化期间的日本政策和经济状况进行全面介绍，并对经济泡沫破灭后的持续经济衰退做出概述。第六章第二节对日本金融危机期间的重要事件做出了调查，从经济泡沫的破灭到LTCB和日本债券信用银行（NCB）的国有化。同时也对日本金融系统的"大爆炸"改革做出评论。第六章第三节调查了在大爆炸之后，日本的持续性经济衰退。持续性衰退的一个关键因素在于日本金融改革者面临着一个两难境地，想要解决金融中介机构的危机就不可避免地恶化中小企业面临的信用恐慌。

《新制度经济学》强调，交易成本的突然增加会导致经济系统的结构崩坏。但是，交易成本概念并不足以解释日本结构崩坏的进度。例如，这无法充分解释为什么日本各银行急速增加对房地产和建筑领域的贷款敞口，同样也无法解释转型失败的原因：为什么不断增长的交易成本的经济系统无法变革为另一种低交易成本的系统，为什么日本遭受着持续性的信用恐慌及经济衰退长达十几年。第六章第四节主要说明借款者的羊群效应及借款者的情绪从明斯基时期的欢欣鼓舞到停滞倒退时期的沮丧消极。第六章第五节对新银行东京做出案例分析，以评估融资的独特新挑战对于资金被困的中小企业产生了怎样的负面影响。第六章第六节为总结。

第二节
对从金融泡沫的破灭到 LTCB 破产的调查

需求方经济学者说到，日本持续性的经济衰退，根源在于其经济需求不足（吉川，1999，2003；帕特里克，1998），且如第四章第二节所述，根本动力包括在 20 世纪 70 年代中期日本经济的转型。这段时期日本的经济增速放缓，且经济模式也有所变化：此前是私人投资需求超过私人储蓄，而现在是预期的私人储蓄远超过预期的私人投资。这些学者强调这一变化对传统的银行系统有着重大的影响，并且从根本上削弱了高度规范控制的、稳定的战后金融系统。对于政府在"迷失的十年"（20 世纪 90 年代）中对经济需求不足的回应，这些学者尖锐地评价为宏观政策处置不当。因为这段时间的经济不景气使得不良贷款问题更加严重。帕特里克

（1998）指出在 1988~1998 年，日本政府（即金融厅）犯下了五个主要的宏观政策错误。

（1）1988~1990 年的扩张性货币政策实施的时间过长，以致加重，有些人认为是创造了股票市场及房地产业的经济泡沫。

（2）1992~1993 年（削弱经济泡沫硬着陆后），没能迅速及有力地放松货币及财政政策。

（3）20 世纪 90 年代中期，政府依赖于过度宽松的货币政策，导致银行利率从 1995 年开始出奇的低。然而低利率却事实上帮助了银行和借款人，使他们推迟了不良贷款和企业倒闭问题的解决，但这一行为的经济及政治成本很高。

（4）20 世纪 90 年代中期，政府通过追加预算来进行财政刺激有些太弱、太迟且很被动。金融厅从 1980 年开始采取的财政政策一味追求减少预算赤字和创造预算结余，代偿性宏观政策也主要在于使用货币政策工具。直到 1995 年追加了预算，财政刺激才真正起效。1996 财政年，日本经济有所恢复，GDP 增长了 3.4%。

（5）在 1996 年末，对于 1997 年及以后的经济预测过度乐观，政府的决策也受到影响，将最优先政策由原先的维持经济恢复进行 180 度大转变，改为针对性解决减少预算赤字的长期结构性问题。

在经济泡沫刚刚破灭之时，即上述观点（2），政府仅将此次经济下滑视为正常的经济周期循环。帕特里克（1998）批判政府低估了结构性问题的累积效应，以及资产价值持续性的大规模下降带来的长期深远影响。其他研究货币方面政策的经济学者却坚持不同观点。他们举例说明，1992 年的货币供应增长了 0.1%，1993 年增长了 1.5%。之后货币供应的年增量稳定在 3%，但这仍然不够。在经济泡沫破灭后的这些年里，日本银行（BOJ）应该将货币供应的年增量稳定在 5%~6%（Harada，1999；Iwata，2001）。这些学者认为，在这一时期，正是紧缩的货币政策使得银行的不良贷款快速累积。然而,时任金融厅银行部门主管的西村(1999)说道:"我认为,公众意愿是当时制定政策的决定性因素……使用紧缩的货币政策以削弱房地产及股票市场的泡沫受到了公众的坚定支持。"(西村,1999,p.70)

根据西村(1999)所述,直到1992年年中,当局才清晰地意识到不良贷款的问题。然而,从历史的角度来说,日本的银行管制者在1990~1994年几乎没有对银行系统的下滑问题做出任何调整,一些主要城市银行的信用评级从1992年开始下降。1988年《巴塞尔协议》在1993年4月进行全面实施,对存款利率控制的自由化也在1994年得到完成。与此同时,LTCB的净利润早在1993年已开始大幅下降(见表5.1和表5.4)。

金融泡沫破灭之后,日本各银行的盈利能力在逐步下降,这一点影响了其在金融市场及银行同业拆借市场的信用和声誉。随着日本主银行的信用等级不断继续下降,银行及信用市场的混乱也在加剧。这是因为低等级的银行在银行同业拆借市场中,面临着高额的资金成本,尤其是在美元市场,而高额的资金成本又进一步降低其盈利能力。

虽然巨森公司(房屋贷款公司)的问题发现得相对较早,但很多向该公司提供贷款的一般银行却至少坚持到1995年(关于巨森问题的详情,见豪尔(1998,pp.167-171);帕特里克(1998);Kanaya和Woo(2000))。当局对这一问题迟迟不做处理,一部分原因在于仍对经济抱有不切实际的幻想,认为很快能得到好转并全面恢复,日本的银行业也能得到振兴。同时,金融厅于1995年下令暂停一家地区性银行:兵库银行的取出存款及借款业务。在这种情况下,监管者不得不关闭无力还债的金融机构,因为日本主要银行中,没有一家能够继续扮演"白骑士"的角色(详见第三章第三节)向出现问题的金融机构伸出援手。到1998年,除三菱东京联合银行和住友银行外,所有在惠誉国际上进行信用评级的日本主要城市银行均降至D等级。

以下总结了从经济泡沫破灭至 1999 年中期为止，与银行监管相关的大事件，参考西村（1999）相关信息编制。

1989 年

年中：东京地区的土地价格开始降温。

12 月：股票价格达到顶峰。

1990 年

3 月：对于房地产领域总贷款额的管控措施开始生效（1991 年土地价格达到顶峰）。日经指数突破 3 万日元。

8 月：法定贴现率升至 6.0%，一直持续到 1991 年 7 月。

1991 年

春季：房地产业要求经济自由化。住友银行与日本黑手党之间的秘密业务关系被曝光，即 "Ito-man" 丑闻。

6 月：野村证券掩盖特定客户的损失这一丑闻被曝光。

7 月：日本富士银行、协和—琦玉银行及东海银行的非法贷款丑闻接连遭到曝光。

夏季：政府在月度经济报告中宣布 "我们的经济处在扩张模式"。

8 月：东洋信用收到伪造存款的骗局被曝光，当局已下令关闭该银行，其业务由日本兴业银行和三和银行接管。

11 月：宫泽内阁形成。

1992 年

1 月：政府引入土地闲置税。

3 月：月度经济报告中称，"经济正处于调整阶段，民众普遍认为经济将出现下滑"。

4 月：21 个主要银行所持有的未偿不良贷款数额向公众宣布，约为 8 万亿日元。

6 月：银行及证券公司的业务范围自由化，允许其子公司参与他行/公司的业务。

8 月：日经指数突破 1.5 万日元（根据西村（1999）所著，直至此时当局对不良贷款的问题有了清晰的认识，并采取了切实的解决方法）。

Toho Sogo 银行因破产接受了存款保险援助。

1993 年

4 月：1988 年《巴塞尔协议》进入全面实施阶段。

8 月：细川联合内阁形成。阪和银行的副行长遭暗杀。

1994 年

2 月：政府发布了一条指导说明，鼓励银行采取有计划、有步骤的方式解决不良贷款问题（各城市银行扮演"白骑士"角色，辅助传统保护系统的有效使用，直至 Toyo Sogo、Toyo 信用、大阪富民信用破产后至兼并为止）。

6 月：村山联合内阁形成。

夏季：准备"平成银行"计划（为调整银行资本而进行的官方筹资注入方式）。

9 月：媒体报道了东京协和信用及 Anzen 信用的经营困难。

住友银行一支行的经理遭枪杀。

10 月：存款利息控制的自由化已全面完成。

通过三菱银行对其资本结构进行调整，日本信托银行的经营困难得到解决。

12 月：东京协和信用和 Anzen 信用破产。

日本共同社银行是一家用公共基金建立起来的过渡银行，接管了两家破产的信用社业务。日本银行向其注资 200 亿日元。

在经历了一系列丑闻之后，东京协和信用总裁的贿赂丑闻遭到曝光，这一事件激起公众对于救济政策的反对。

1995 年

6月：政府出台"即时矫正措施"法案，加强审慎监管（于1998年实施）。

此时公布的未偿不良贷款约有40万亿日元，相比此前公布的数据为13万亿日元增长不少，部分原因在于不良贷款的定义发生了变化。这一数据进一步削弱了银行系统及监管者的信用。

政府出台的"恢复金融系统"指导方针旨在解决银行破产问题。同时还出台了在未来五年不设存款担保上限的政策（日本称为"支付系统"），以保证银行破产后，所有存款能够得以兑现。

东京都厅正式宣布，将不会拿出30万亿日元救助东京协和信用和Anzen信用（报道称住房贷款公司的经营困难有所增加）。

7月：报道称Cosmo信用公司出现经营困难。

8月：东京都厅暂停Cosmo信用公司的业务。

木津信用公司破产。

夏季：媒体报道出大和银行纽约分行掩盖11亿美元的骗局。这一事件导致公众对日本银行监管者及银行产业的批判，引发"日本溢价"。

10月：Midori过渡银行的建立，解决了兵库银行破产的问题（秋季，出现对宽松货币政策的批判）。

桥本内阁成立。

1996年

1月：新成立的桥本政府在议会上讨论了银行产业的管理问题及"Jusen"住房贷款公司的问题。反对使用公共基金成就银行产业的呼声导致议会陷入混乱。

4月：确保有效管理的法律，协助实施解决方案的特殊法律，以及修订的存款保险法均提出审议，并于6月在议会内相继通过。

9月：东京协和银行重组成为"决议及托收银行"（在此期间，公众对于改革或细分日本金融厅的呼声高涨）。

11 月：宣布了日本金融大爆炸提案，这一提案成为第二任桥本内阁的关键政策。

1997 年

3 月：野村证券掩盖特定客户损失的丑闻被曝光。这一不公平的补偿和第一劝业银行的非稳健的贷款展期相关。这一问题也得到了曝光。6 月，两家公司的一些执行董事均被捕。

5 月：对外汇法令做出修订。

6 月：提出了金融系统改革计划。

提出了财政结构改革法，该法针对到 2003 年为止的预定财政收支平衡。

秋季：颁布了建立控股公司的相关法律。

11 月：三洋证券就《企业再生法》项下的申请请求咨询帮助。

北海道拓殖银行和山一证券倒闭。

督洋城市银行倒闭。

议会通过了财政结构改革法。

亚洲货币动荡与危机范围扩大。

1998 年

2 月：《存款保险法》得到修订，在紧急时期稳定金融状况的新法律框架已规划完成。30 万亿日元的公共资金将用于这些法律。

4 月：即时矫正行动法律得到执行。在该法律项下，若银行的资本资产比低于规定的标准，监管者有权采取行动，包括关闭该银行（在此期间，受到过度招待的部分金融厅官员被捕或辞职）。

6 月：援引了与金融大爆炸的相关法律。

金融监管机构开始运作。

LTCB 的股价突然下跌。宣布与住友信托银行公司的合并计划。

7 月：提出修改《金融再生法》的议案，旨在为建立过渡银行创立系统。

10 月：在 7 月的上议院选举中，桥本未能连任并下台，小渊首相当选并组建新政府。该政府下的议院通过了《金融再生法》及《金融早期强化法》。

LTCB 倒闭，并暂时国有化。

12 月：日本信贷银行（NCB）倒闭并国有化。

1999 年

4 月：再度曝光 Midori 银行的经营不善问题。在接受了存款保险体制提供的 10560 亿日元的资金支持后，该银行被阪神银行收购，重新更名为美纳都银行。

6 月：就《新资本充足比率框架》（《巴塞尔协议》Ⅱ）提出了咨询性文件。

7 月：系统内的未偿不良贷款为 80 万亿日元。

一、金融"大爆炸"

日本金融的"大爆炸"始于 1996 年 11 月，选择金融领域的广泛放松管制和自由化为基础，建立"一揽子"政策，不仅重点解决个人问题，如外汇交易规则和记账标准，还意在解决由银行、证券公司和保险公司组成的整个产业的问题（Toya，2003）。金融厅于 1997 年 6 月提出了金融系统改革方案（金融大爆炸计划），重点强调以下五个方面：

（1）有效使用家庭部门筹集的 1200 万亿日元的必要性，以应对人口快速老龄化的需求。

（2）将资金流用于自主增长行业的必要性，作为对经济增长的动力，也为了应对老龄化社会的需求。这将推动非直接金融系统向直接金融系统转变。

（3）为了预防日本金融市场出现空洞化，并提升日本金融中介的国际竞争力。

（4）完成自 20 世纪 70 年代以来在金融领域施行的放松管制和自由化。

（5）解决不良贷款问题。

以上因素即组成了大爆炸改革的背景。此外，Hall（1998）和 Toya

（2003）指出，"金融丑闻"、金融厅内部大量腐败及渎职的证据、银行产业向改革施加压力都导致日本银行监管的转变（详见第七章）。

金融大爆炸改革的具体政策牵涉范围很广。其中，本书关心的有关"监测"和"监控"的政策内容如下：

（1）除去 1994 年已完成的存款率上限自由化外，还设定了一系列政策以降低双边准入障碍，以期银行、信托银行、证券及保险公司能有更多加入者以促进竞争。

（2）制定了一系列政策增强中介机构的风险管理能力，以推广资产抵押债券（ABS）、证券化及信用衍生产品。

（3）制定一系列披露规则以增加透明度。

（4）银行监管过渡：从基于事前非正式行政指导的传统模式转变为基于标准、更高透明度以及采取事后法律措施的以规则为基础的系统。

日本各银行在主银行制中担任主银行的角色，而金融"大爆炸"改革却减少了激励方式。第一，随着存款率上限的自由化，"银行租金"的机会也随之减少。此外，该改革不仅意在提升银行产业内的竞争，同时也想提升直接金融系统参与者间的竞争。第二，该改革的目标在于转变监管模式为以规则为基础的体系，这意味着日本的银行将无法期待监管者们有空间对银行规则进行创造、改变或解读。第三，该改革要求日本各银行根据巴塞尔标准，寻求适合监控短期贷款组合的筛选及监控方式，也意味着需要其寻求短期利润。因此，从整体上说，大爆炸改革完全低估了"以关系为基础的银行"或主银行的监控模式。该监控模式虽然有着明显的缺陷，但该模式在早期运行良好，有效地减缓了借款人对于经济周期的影响，并且偶尔能解决临时性的经济困难。

真正的问题是，日本在过渡到以规则为基础的经济系统时面临的具体问题。第一，正如先前在第四章第四节所述，日本经济产业的结构特点表明了日本无法平稳过渡到直接融资系统。因此，日本无法发展新的基础利润以弥补银行在传统借款业务中损失的利润。贷款的证券化和 ABS 的推广都会导致日本各银行所持信用风险变得多样化。然而，问题在于如何发展多样化的投资者，为证券中所带的风险埋单。第二，日本银行的投资者缺乏多样化，因此不能很好地吸收日本金融结构的信贷风险，日本各银行仍需继续扮演吸收风险的角色。随着经济环境的不确定性加剧，这一结构使得日本各银行承担着持有更多不良贷款的风险。事实上，在爆发金融泡沫后，日本各银行持有的未清不良贷款的余额在 2001 年 3 月达到历史峰值 32.5 万亿日元。此后，未清余额仍不断攀升，在 2002 年 3 月达到 43.2 万亿日元（2002 年内阁办公室报告）。第三，解决不良贷款需要时日，但严峻的披露与透明度规则放大了公众对银行系统的焦虑。此外，向新监管模式过渡也使得监管者在金融混乱的时期很难解决观众效应（详见第三章）。大爆炸改革应从这些方面受到批判性评估（见图 6.1）。

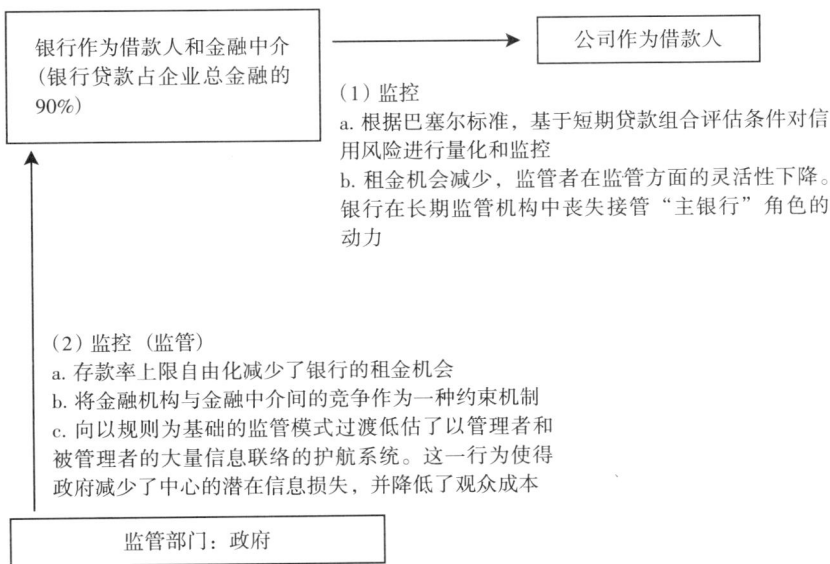

图 6.1　改革后的日本金融及监管体系

二、金融危机

股票及房地产市场的泡沫导致日本银行领域累积了大量不良贷款，这毫无疑问是引起银行系统危机的主要原因。许多经济学家称，20 世纪 90 年代，日本监管者（尤其是国家金融厅的监管者）在宏观经济政策方面的错误，使得当时的日本经济成为了牺牲品，引发了日本银行系统危机和后续的经济滞胀（Yoshikawa，1999；Patrick，1998；内阁办公室，2001；Harada，1999）。也就是说，他们指出日本经济在 20 世纪 90 年代的不景气使得不良贷款问题日渐严重，也更难解决当时的银行及经济衰退。但是，该经济文献并没有解释错误政策持续如此之久的原因。我们将在第七章进行讨论。

1997 年，在确保金融机构稳健的法律下，日本监管者引入了即时矫正制度（PCA）框架，这一框架仅仅简单套用了英美法系的监管框架。PCA 框架引入了"以规则为基础"的监控（监管）模式，为银行制定出规则，对其未清贷款进行严格分类，并严格控制主权资本缓冲。相应的级别根据巴塞尔协定中规定的方式计算（8%的资本充足率）。PCA 从 1998 年 4 月开始生效，该框架使监管者有权要求银行对一系列事件采取补救措施，从减少分行，到减少分红，再到破产清算。举例来说，如果银行在 BIS 风险调整基础上的资本充足率低于 8%（或没有海外分行或子公司的银行在调整后的全国基础上低于 4%），监管者就可以介入并要求管理者制定和实施一套完善的管理计划（Hall，1998，p.179）。一旦比率低于 4%（或是不活跃国际银行的比率低于 2%），则监管者有义务要求银行管理层实施一系列补救措施并对其活动进行相应限制。若比率低于 0%，监管者应暂停银行的全部或部分运营（Hall，1998，p.179）。

一些 IMF 的经济学者将这一规定视为一个重要的里程碑，因为在银行衰退时，该规定加大了要求监管者有所作为的压力，显著缩小了监管者的容忍范围（Kanaya 和 Woo，2000，p.29）。然而，PCA 框架对于日本主要银行的信用及名声起到了不良影响，让一贯的"大而不倒"效应变得不那么可信了。这带来了负面的影响。银行间的短期资金借贷市场，尤其是美元货币市场以增加所谓的"日本溢价"，也就是与日本银行及金融机构的货币交易中所需溢价来回应。根据 Hanajiri（1999）所著，外国贷款银行定出的违约概率要高出日本贷款银行，1997 年为 45~50 个基点（bp），1998 年高达 66~82 个基点。不断增长的溢价逐渐动摇着市场的信心，促使人们变卖东京交易所内的日本各银行与金融机构的股份。股票市场中的这一负面信号甚至抑制了银行间市场中的本国货币贷款者为部分金融机构提供流动资金。1997 年 11 月，三洋证券——一家二级证券公司不再为短期拆借市场提供借款，这是日本历史上第一宗此类事件。同样在当年 11 月，金融厅暂停了北海道拓殖银行——一家主要的城市银行，与 Yamaichi 证券——一家位居前列的一级证券公司的营运。

1998 年 3 月，许多银行在 PCA 框架下都遭遇了资本需求困难。几乎所有主银行均要求监管者（最高至政府）拒绝为公共基金注资以进行资本结构调整。部分银行，包括 NCB 和安田信托银行在内，公布了重组及停止海外银行业务的计划。因为在 PCA 框架中，对于没有国际业务的银行，降低了对其资本充足率的要求（4%）。监管者对于日本银行业危机做出的决策导致股价下跌得更加严重，银行间市场的资金及流动性问题也愈加严峻。这些问题一直持续，在 1998 年进一步恶化。

日本民主党（DPJ）在当时还只是一个反对党，该党攻击了所谓的"过渡银行计划"（暂时国有化），该计划旨在资助破产金融机构中的财务状况良好的借款人。但是 LTCB 的管理者们希望小渊内阁（自由民主党，LDP）能够解决日本的银行业危机。与政府进行协商后，LTCB 即宣布了与 Sumitomo 信托银行达成合并计划。然而，由于政府不愿完全曝光 LTCB 的坏账，使得银行业危机缓慢爆发，导致有言论称 LTCB 财务状况良好的部分与 Sumitomo 信托的合并会困难重重。但 Sumitomo 信托银行却展示了对政府的信任，使用 LTCB 的独立审计安达信。这是在监管者拯救经营困难的银行的过程中从未有过的行为。最终 Sumitomo 信托拒绝了该合并计划。而后，在建立了富有争议的法律决议框架后，LTCB 只得于 1998 年 10 月被国有化。《金融再生法》和《金融早期强化法》的实施，为解决银行问题提供了更加广阔的框架。新法扩大了解决银行破产的程序，引入了金融解决方案管理人、临时国有化及特殊公共管理。NCB 也于 1998 年 12 月实现国有化。日本的一个政府机构——存款保险公司获取了 LTCB 和 NCB 的所有未清股份，并向两家银行提供资金支持以继续运营。根据 IMF（2000），为解决 LTCB 和 NCB 危机而产生的纳税人总成本约达 7 万亿日元。

LTCB 和 NCB 的国有化尽管备受争议，但在此之后，银行业监管者能够为日本主要银行的资本结构调整注入更多的公共资金。到 1999 年 3 月，银行向政府申请的第二轮注资达到了 7.5 万亿日元，是 1998 年申请的第一轮注资的四倍。2000 年 3 月，IMF 预测 17 个主要银行（不包括 LTCB 及 NCB）的真实累积坏账总量约为 65 万亿日元。

第三节
日本持续性金融衰退的特点

一、日本金融衰退的深度及原因（截至 2002 年）

日本金融的汇总统计数据有助于我们了解日本持续性衰退的深度和同时产生的通缩。日本经济从 1991 年开始出现滞胀，增长率低于 3%，且在 1993 年、1998 年、2001 年三年的增长率为负值（内阁办公室，2009）。在 20 世纪 90 年代早期，股票市场和房地产泡沫破灭之后，为了解决因此产生的经济滞胀，日本政府多次推行了扩大公众投资与政府开支的宏观经济政策。然而，虽然预算赤字出现大幅增加，扩大公众开支的政策并没有带来私人需求方面的可持续恢复，也没能支撑起滞胀的经济（内阁办公室，2002，p.1）。与此同时，日本物价的持续性下降也反映出日本经济进入通缩阶段。自1999年秋季以来，消费者物价指数（CPI）预测的日本一般物价水平（不包括新鲜食品）均低于上年水平。在经历了1999年的同比指数持平、2000年的同比指数下降0.4%之后（内阁办公室，2001，p.39），2002财政年的同比指数降低0.9%（内阁办公室，2003）。此时，日本的国内生产总值（GDP）平减指数也意味着日本经济自20世纪90年代中期以来一直处于平缓的通缩阶段，这也导致了2000年、2001年的GDP同比负增长，分别为-1.6%和-1.1%（内阁办公室，2001）。这是战后的日本从未经历的阶段，同期的发达国家也从未经历过持续性如此之久的通货紧缩。

日本政府分析道，导致通缩产生的原因部分在于"供应端结构因素"（内阁办公室，2001），如中国及其他国家的低价进口不断增长。另一部分的原因可能是由于日本经济疲软导致的"需求因素"。根据内阁办公室的分析（内阁办公室，2001，p.41），在20世纪90年代，日本的GDP缺口一直呈现扩大的趋势。在经济泡沫破灭之后，需求持续降低、通胀率长期处于下降趋势，公众对于通缩的期望也在逐渐增加（内阁办公室，2001，p.43）。根据内阁办公室的另一份分析指出（内阁办公室，2001，p.17），日本公司自20世纪90年代后半期开始，对于经济增长的预期一直维持在0%。这一悲观保守的预期使得日本企业认为其产能过剩，限制了大量的新投资。事实上，BOJ对于商业信息所做的短期调查（BOJ Tankan）显示，公众认为该趋势会一直持续下去。这一悲观预期也鼓励企业以市场的疲软需求来架构业务，并进行裁员。企业采取此类政策后，很快就降低了雇员对未来的信心，且影响了他们的消费。2001年的失业率增长到5.0%（2002年达到5.4%，2003年为5.3%），几乎是1990年的2.5倍。由于整体的不确定情绪，日本的家庭均开始降低其消费水平。家庭需求的疲软又反过来加剧了企业的悲观情绪，并进一步增加了对经济增长的不确定性。这一恶性循环就是经典的"螺旋式通货紧缩"——经济衰退产生了对市场的看跌情绪，这一情绪又反过来进一步加剧了经济衰退。

此外，我们还需注意，公众认为金融资源调节的结构性失败是日本产生持续性经济衰退的根本原因。日本政府自 20 世纪 90 年代中期一直在实施其一贯性的宽松货币政策，以期刺激经济泡沫破灭后的日本经济。理论上来说，对于扩张性的货币供应在应对通缩问题时应起到明显的效果。基础货币的增长率（BOJ 的流通货币总数和未清余额）从 1999~2000 年的 7%增长到 2001 年 9 月的 14%（内阁办公室，2001，p.53）。除此之外，螺旋式通缩仍在持续。我们需要关注此时私人银行的借款情况。一方面，借款在 1999~2000 年下降了 2%，而货币供应量（M2+CD）却以每年 2%~3%的速度增长（内阁办公室，2001，pp.53–54）；另一方面，相比 1998 年底，日本各银行持有公债的未清余额翻了一倍。为什么宽松的货币政策没有带来银行借款的增加呢？因为不仅许多公司因承受了过量债务而无法筹资，扮演金融中介的日本各银行也逐渐式微。银行持有过量的不良贷款（尤其是在 2003 年前），导致其吸收信用风险的能力降低，而且在《巴塞尔协议》下，短期金融组合的质量也不容乐观。内阁办公室（2004，p.206）报道，自 1998 财政年起，在银行持有的未清贷款资产中下降的有普通银行，外资银行，针对农业、林业及渔业的专业银行，还有小型金融企业。这一趋势甚至维持到了 20 世纪 90 年代末（内阁办公室，2009，p.15）。

前文提到的"需求因素"和"金融因素"是互相关联的，因为在银行处理不良贷款时，破产的公司会增加。根据 BOJ（2001a），在 2001 年 3 月底，房地产、建筑业、批发及零售业这三个行业在风险管理贷款中所占的未清余额达到 54%。不良贷款问题细化到具体的行业后，企业破产也会对银行绩效产生严重的影响。当时，这三个行业的贷款占据了银行未清贷款总数的 33%。内阁办公室（2001）指出，这三个行业的利润很低，且在 1998~2000 财政年，行业的利润率降至负数。此外，需要注意的是，一些日本公司受到金融泡沫的影响较小，甚至是借给此类公司的借款也因持续性的经济滞胀而变成了不良贷款，加剧了产业结构调整的压力（内阁办公室，2001，p.87）。

不良贷款及其冲销与银行的资本直接相关。如先前所述，政府要求日本各银行冲销其不良资产时，拥有国际业务的银行却被要求达到《巴塞尔协议》规定的 8% 资本充足率。若银行的股权资本用于冲销不良贷款，银行则需筹集更多的资本。然而，随着银行的信用等级降低，它们更难筹集资本且成本更高。若不筹资，银行则需要减少其总资产，或改变其资产组合，从高风险加权的贷款变为低风险加权的政府债券，该债券需以《巴塞尔协议》要求的资本充足率进行计算。即便是现在，监管者要求日本各银行对其借出的贷款和借款者的类别进行更加严格的评估。银行必须实施在 2002 年 10 月发布的"金融复苏"项目下，"新金融管理框架"的三个原则（"收紧对资产的评估"、"增加资本充足率"及"加强治理"）。银行对于贷款的评估要更加严苛，因为如果银行想要在稳步冲销其不良贷款的同时维持其金融安全，它们则需要支付一定的资本成本以进行必要的资本重组。

二、中小型企业融资的影响

不良贷款侵蚀着银行的盈利，这一点毋庸置疑。不良贷款消耗了银行的人力及管理起源，因此它不仅会产生大量的处置费用，还会产生高额的机会成本（监管中以交易成本的形式出现）。银行利润的降低和交易成本的增加使得银行股权资本（净值）方面的压力下降。股权资本是银行在承担风险方面的管理缓冲，该资本的减少会降低银行承担风险的能力，如获得新客户及投资新产业。内阁办公室（2001）和 SMEA（2004，2005，2008，2009）均对银行承担风险能力的下降表示担忧，担心银行谨慎的借贷活动会约束其对公司业务的投资。它们更担心这会对主要依赖银行借款的中小企业造成巨大冲击。内阁办公室（2001）指出 1997~1998 年，业内存在着明显的"信贷恐慌"，银行的借贷态度突然变得紧张，对于中小企业的贷款额下降，当年数据显示，由于银行改变借款态度导致商业投资的下降，投资下降使得 GDP 增长率在 1998 年下降了约 1.3%（内阁办公室，2001，p.96）。如前所述，几乎没有直接投资来源的中小企业，其贷款的未清金额从 1998 年的 345 万亿日元降到 2009 年的 253 万亿日元（SMEA，2005，2010）（见图 1.2）。

根据 BOJ 所做的日本企业的国内短期经济调查（BOJ Tankan）显示，中小企业的营业状况 DI 在 2002 年第一季度降到最低点后一直在持续好转，其中制造产业首当其冲。但是产业信心从 2007 年开始一直持续恶化。当时的一项调查了解了 1.9 万家中小企业的经营状况，包括没有列在 BOJ Tankan 上的，资本不足 2000 万日元的企业。这一调查进一步显示小企业的经营状况 DI 在近 12 个季度内连续下滑，从 2006 年第二季度到 2009 年第一季度。自 1994 年修订调查内容起，2008 年第四季度的经营状况 DI 最为糟糕，而后，2009 年第四季度又创下了历史新低（SMEA，2009）。由于中小企业的销售量下滑、经济状况愈下，破产的数量也在逐渐增加，2008 财政年的下半年尤为突出。

图 1.2 为金融机构向中小企业借款的余额趋势。总的来说，可以看出余额为同比持续下降。SMEA（2009）参考了瑞穗研究所的一份调查（对中小企业的商业环境及管理状况的调查，2008 年 12 月）。该调查显示，许多曾表示相信金融机构的中小企业对于这些机构的借款态度持消极意见，这也从贷款筛选的收紧中得到反映。

拥有盈利业务的公司期望银行能够在其资金困难时给予支持，没有盈利业务的公司期望银行能够在适当时回收过去的贷款，重建公司。在 20 世纪 90 年代，还没有建立起这种适当的选择（内阁办公室，2001，p.98）。

这种观点作为基本原则是可以理解的。但是，前沿经济竞争激烈，同时又拥有巨大的不稳定性。如何期待银行能够理解这种角色定位？这是银行希望的吗？

日本银行向成长中企业借款的情况如何？内阁办公室就这个问题比较了企业借款人的生产率增长与同时期经济的生产率增长（内阁办公室，2001，pp.100–101）。企业借款人的生产率增长是通过加权计算行业的生产率增长（真实的 GDP 增长率）与行业内银行借款的未清余额得到的。这一有趣的分析结果显示，尽管在 1980~1985 年的"整体企业借款人的生产率增长"要高于"整体经济的生产率增长"，但是到了 20 世纪 80 年代中期，前者的数值却低于后者。内阁办公室指出，在企业借款人生产率降低的背后，反映的是因处置推迟而导致效率低下的小公司得以存活的情况。然而，需注意，在泡沫经济出现之前，生产率就已开始下降。也就是说，银行选中的客户，在其业务领域的生产率早已开始下降。这一解释与我们的假设一致：在日本进入前沿经济时，传统的监控开始承受巨大的压力。

日本的中小企业在经济中扮演了重要的角色。在 2004 年，中小企业领域占据了公司数量的 99%（SMEA，2005）及雇用员工数量的 72.6%（METI，2005）。在制造业领域，中小企业占据了行业总产值的 50.5%及总附加值的 56.8%（METI，2005）。SMEA（2004）按照行业规模，对日本当今制造业领域的"全要素生产率"的增长率进行调查，其结果显示中小企业的平均增长高于大型企业。该调查显示在 1995~2001 年，中小企业（50~300 名员工）的全要素生产率的平均增长率为 1.14%，而大企业（员工在 301 名以上）的平均增长率仅为 0.88%。因此，SMEA（2004）表示，中小企业在技术进步的过程中起到了积极作用。Nagahama（2002）预估了在行业和规模方面，中小企业对附加值成分的改变所做出的贡献。该调查显示，在经济泡沫破灭之后，中小企业在 20 世纪 90 年代为产业结构变化做出了不少于 75%的贡献。

确保为创新型中小企业提供充足的经济资源是日本经济中最重要的问题，也是其未来经济复苏的关键性要求。与此同时，创新型中小企业也面临着严峻的竞争，其未来变得更加不确定。据 SMEA（2005）报道，一个采访/听证会形式的研究显示，中小企业拳头产品（最畅销产品/市场销路好的产品）的生命周期已经缩短（见图 6.2）。这一报道表明，尽管在 20世纪 70 年代，60%左右的拳头产品的生命周期均超过 5 年，但其销售年限超过 5 年的产品却大幅下降——21 世纪头十年中，该类产品仅有 5.6%。近期，超过 50%的拳头产品，其生命周期已经缩短至"1~2 年"或"不到1 年"。因此，公司因产品淘汰快而面临着业务的高风险。产品快速淘汰的部分原因在于微电子及电子产品的技术创新，以及消费者品位的改变及多样化。然而，主要原因是来自其他公司的严峻竞争，这些公司在加速向市场投放有竞争力的产品。对于主要通过存款获得资金的银行来说，它们更难监控中小企业的信用风险，也很难对中小企业放出中长期贷款。尽管短

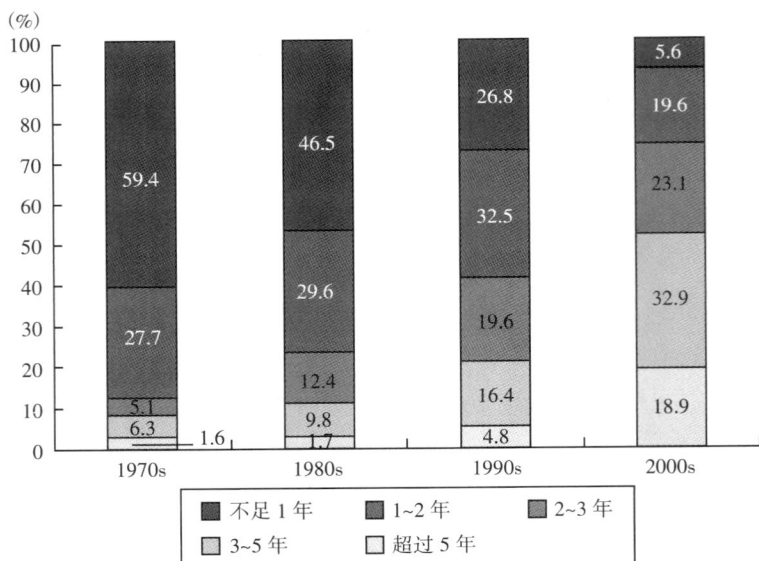

图 6.2　拳头产品的生命周期

资料来源：作者基于 SMEA（2005）绘制。

期信用风险可以得到吸收，但向中小企业发放贷款的长期金融中介机构也面临更加艰难的境地。这是当代日本金融系统面临的最大难关。

第四节
出借市场羊群效应导致的信用紧缩

为什么日本的信用紧缩及金融衰退会持续十多年之久？本节将说明出借市场（出借者情绪摇摆）的羊群效应变成消极的螺旋倒退的过程，参考了 Minsky 的金融脆弱性假设（见第二章第二节）。如前文所述，信用市场不仅处理跨期交易还处理对未来实现不确定的承诺。总体来说，信用风险管理过程中的不确定性可能会使得出借者观察其他出借者，并寻求共同认可的标准以证明其决定是合理的。

Bikhchandani 和 Sharma（2000）提出几点原因，表明为什么追求利益最大化的投资人会受到他人行为的影响。第一，投资人相信其他人会了解特定投资的部分收益信息，且他们的行为会反映出来。第二，每个人都有其固有的内在偏好。第三，投资经理的补偿机制及雇佣期可以从模仿中获益。根据 Bikhchandani 和 Sharma（2000，p.10）的调查，如果投资经理及其雇员均对该经理挑选股票的能力持不确定态度，则业内其他专业投资人士均会对此持观望态度。也就是说，会对该经理管理投资组合持不确定态度。这对该经理是有利的。如果其他专业投资人士也处于相同的状况，则会出现羊群效应。Keynes（1963，p.176）曾说："一个'安全'的银行从业者，并非能够预见危险并避开危险的人，而是当其破产时，必定是与业内人士一起，以传统而正派的方式破产，因此没有人可以指责他。"日本传统护航监控系统中的保护性制度可能会在日本的银行中造成"一致心态"，即在监管者指导下的从众习惯。

如第四章所述，政府鼓励日本各银行尝试对监控和风险管理进行调整，尤其是其引入了英美金融系统的实践和应用，由巴塞尔银行监管委员会做出规范。本书也曾提到，日本银行面对的"信用恐慌"，尤其是中小企业面对的信用恐慌，都与监控模式的改变有关。此外，参考 Minsky 的金融脆弱性假设，过度依赖拇指规则、评级服务及分析师报告会增加市场情绪的不稳定，导致市场好转时过度借款，市场恶化时严格的信用定额。

以下内容可描述由平均分布的信用信息流机制产生的金融脆弱性。外部评级代理，如标准普尔，为特定借款人（或借款国）评级，对信用风险的程序性评估（经验分布函数，或是基于该函数的内部评级）可能会导致借款人通过数据及程序性计算结果评估自身的主观能力。因此，即使主观的事前风险溢价并没有完全反映出价格，借款人也会更倾向于接受风险。况且，借款中的羊群效应并没有明显地减少借款人与贷款人之间的信息不对称。此外，不确定性不仅仅是信息不对称的产物，所有拥有未来收益的投资均有这一通病。这种情况下，拥有平均分布信息流的信用风险的编码评估可能会减少借款者对贷款者进行监控的动力。他们对于外部信息的信心越强，直接面对贷款人进行收集并处理信息的动力越弱。

当外部评级机构为升级的公司做出了积极的预期或行动时，信用风险的编码评估会驱使借款人进一步降低。公司若想要更好地评级，可能会争取更大的贷款敞口，因为基于当时的预期违约率（EDF），这样做出的预期风险调整回报会很有优势。但这可能会促成对明斯基时期的假性投机。同时会产生懦夫游戏的局面：很多参与者认为他们可以在经济泡沫破裂前全身而退。

当外部评级机构做出了消极的预期，尤其是当机构出人意料地给贷方降级，会导致所有借方均召回其贷款并导致恐慌。因为使用了外部信息平均化的编码式评估方式，借方自主监管贷方的动力在不断减弱，因此，外部风险评级的突然改变会将恐慌放大。这是因为其他借方的行动会对贷方的财政活力产生消极的影响，会进一步削减贷方的信用可靠性。贷方恐慌也是因为不愿增加损失。若评级的突然改变对银行造成了事实上的损失，借方会立即减少其敞口，这会产生消极的循环或陷阱，即便向贷方提供非常高的风险溢价，贷方也不愿在该行业承担任何风险（Suzuki，2005）。

早在20世纪30年代，凯恩斯（1936）已指出，部分类别的投资是由证券交易所里股价的平均期望值所影响的，而非潜在的企业家。投资的诱因更多的在于市场中普通大众乐观与悲观情绪的不断交替。银行的专业人士可能比一般投资人拥有更好的风险评估及监管知识与能力。专业人士之间的竞争可能成为事实上的金融自由化，对不稳定的资金分配进行调整。然而，事实上"专业人士的经历和能力都集中于其他事情"，"多数专业人士关心的并不是一项投资整体的长期可能收益预测，他们关注的是比普通大众在传统基础上预先一步预测变化"（凯恩斯，1936，p.154）。

金融创新，包括贷款证券化、二级贷款交易和信用衍生品在内，均使用了量化和交易信用风险的方法，加速了（借）贷款市场的观点碰撞。一方面，这一趋势会使得日本银行的部分专业人士倾向于追求短期利益和投机机会；另一方面，日本的贷款市场曾经为日本公司提供资金以保证其长期的生产，而这一趋势也将资源从这样长期稳定的贷款市场转移。

有反对意见认为，从凯恩斯理论的角度分析，英美模式存在一些问题，但在日本面临金融危机时，这一模式是否适合日本更加值得商榷。至少那些运用英美模式的国家拥有广大的投资者基础，这些投资者拥有多样化的观点且乐于承受风险。这一因素是英美模式行之有效的原因。但是日本监管者和监管银行却在没有将风险及不确定性多样化的前提下，试图采用英美借款及监管模式。这样的过渡尝试加剧了"借款中的公众心理"，并且对金融资源的调配产生负面影响。中小型企业会突然间发现，它们需要获得外部评级才能获得贷款。没能获得评级的公司需要被迫接受严苛的贷款条件，以保证弥补银行因其信用可靠性而产生的不确定风险，以及这些贷款对其资本要求的影响。高额价格也会反过来导致借方追求更高风险的项目——Stiglitz 和 Weiss（1981）所定义的道德风险问题。

第五节
案例分析：新银行东京有限公司

新银行东京有限公司（SGT）成立的主要目的是向中等风险的中小企业发放贷款，无须担保，仅使用积分模式。本节内容重点关注这一新型银行，作为案例分析来评估资金困难的中小企业面临的这一新颖独特的挑战有多么不值一提。本案例分析同样还将分析当代日本金融系统面临的最大困境。

新银行东京有限公司是东京都政府（TMG）在东京都知事石原慎太郎的倡议下成立的，目的在于为资金困难的中小企业提供流动资金，包括负债超过资本但仍拥有未来预期的稳定现金流的企业。新银行东京有限公司在获得日本金融服务管理局（FSA）的批准后，于 2005 年 4 月开始运营。TMG 为该银行提供全部资本。

日本的金融监管厅于 1998 年 6 月成立，而后通过重组金融监管厅，FSA 于 2000 年 7 月成立，受金融重建委员会（FRC）的管辖。经历这一改变，FSA 承担起了原本由 MOF 承担的任务：规划日本的金融系统。在 2001 年 1 月，随着 FRC 的废除，FSA 接管了部署日本无效的金融制度的任务。

在 2004 年 2 月，TMG 发表了《新银行的总规划》（以下简称《总规划》）。这一规划更加详细地阐述了 SGT 的相关运营方式。《总规划》声称，新银行的任务就是为经济复苏发掘可靠的发展道路，为中小企业发挥全部潜能提供可靠的金融环境（TMG，2004）。有意思的是，TMG 鼓励 SGT 成为区域性的交易银行。同时，FSA在推广区域性关系银行，目的在于：①在有竞争性的环境中，带动区域经济的复苏；②促进中小企业融资，如鼓励区域内发展新业务；③加强区域金融机构的管理职能，以此创造活跃且有活力的区域社会（FSA，2004）。

SGT期望有助于完善TMG施行的小型业务策略。与此同时，规划中将SGT定位为"区域性交易银行"，这一独特定位意味着，该银行不会像主要城市银行一般在全国范围内扩大其业务，而是会关注于东京都的银行业务，运用英美模式的市场实践与治理方式。

日本大型城市银行都有一种趋势，会在全国几乎所有地区开设分行。与此相反的是，区域银行和信用银行会专注于服务特定地区的金融需求，不像大型城市银行需要处理大量分行的业务及关系。此外，这些银行注重培养银行—客户间的关系，这有助于将筛选和监管成本控制到最低，形成竞争性业务优势。它们专注于地区事务，因此业务范围较小，能够符合中小企业的需求，分辨借方的优劣。

日本的银行系统是典型的"关系型银行"系统。这表明，银行—客户的关系在降低信息不对称和降低银行的筛选及监管成本上起到举足轻重的作用。这种银行业务时间不同于英美模式。英美模式中，筛选和延长贷款主要取决于短期获利、市场关系、基于数据型EDF的风险评估所计算的筛选条件等。反映客户金融状况的积分或信用评级是银行做出贷款决定的基石。因此，这一系统又被称为"以交易为基础的"市场银行系统。

当局推出大量的英美模式金融机构以满足境内外公司的多种金融需求。它们主要分布在拥有大规模业务的几个大城市。尽管这些机构在扩张分布时非常谨慎，业务也限制在较小规模内，但其服务却面向地区和全国性客户。它们基本选择服务于"整体"或"基于交易"的金融产品类型，运用技术和技能量化各种风险。很显然，这与日本典型银行的长期银行—客户关系相距甚远。因此，我们也容易理解为什么一些日本—德国模式的银行系统更加适应基于交易的业务而不是建立长期的银行—客户关系。

从这一角度来看，建立 SGT 是很独特的，因为其业务策略并不植根于日本金融系统的传统关系业务。SGT 的业务网络只集中在东京都地区，意在适应市场型或基于交易的业务实践。这就面临着一个尖锐的问题：在打破长期持续的传统业务之后，SGT 的策略能够走多远。国内计划着"推广区域性关系银行"以期振兴和提升中小企业的竞争力，然而 SGT 的行动却与这一计划相反，在构建一个看上去大胆的行动。若这一行动得以实现，将无疑为日本的银行业创造一个新维度。

一个特定公司的信用评级和信用类别的 EDF 数据能够让我们对利率差有着大概的预估，在这一预估区间中，该公司可以在市场上融资。如图 6.3 中所示的要求达到的边际曲线显示出预期利差和每个贷方的信用评级之间的关系（见第三章）。

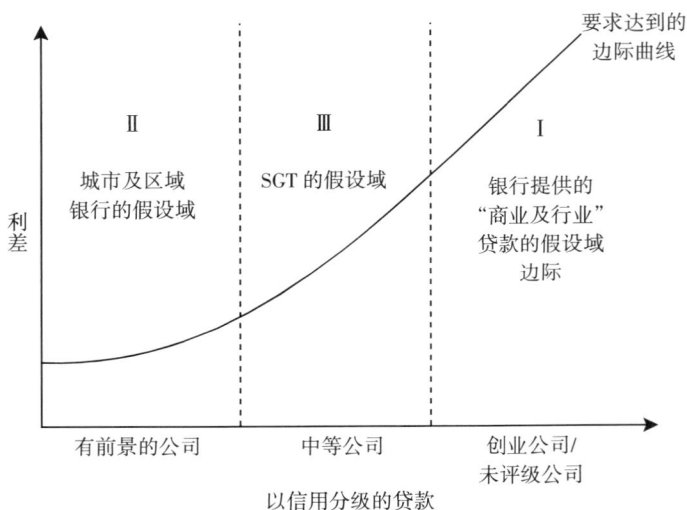

图 6.3 要求达到的边际曲线与假设概念域

在贷款（借款）市场，要求借方保持一定程度的信用以确保有充足的资金来源。在日本存在着所谓的"商业及产业贷款"作为边际资金来源。

一些信用较低的公司别无选择，只能以年利率约15%这样的高利率申请贷款。商业及产业贷款提供者的概念域假设为图6.3中的（Ⅰ）域。与此相反的是，传统的贷款提供者，如"城市银行"和"地区银行"在图中的（Ⅱ）概念域中，它们更倾向于为有前景、信用高的大中型公司提供软贷款（年利率为1%~5%）。SGT的目标域是图中的（Ⅲ）域，这一空白领域还没有被商业和行业放贷者或传统放贷者涉足。SGT预估这一空白的市场规模在上万亿日元左右。

SGT为中小企业方便融资准备了以下金融产品：①组合融资（PF）；②注重技术能力和未来潜质的融资（FETCFP）。表6.1概述了这两个产品的内容。

表6.1　SGT金融产品的特性和内容

（1）组合融资	（2）注重技术能力和未来潜质的融资
i) 特性	
a）3个工作日内对贷款申请者进行迅速的筛选和回复	a）缺少资金且有资金问题的中小企业，有一定的技术能力且未来有发展潜质
b）基于积分模式进行自动筛选，重点关注客户的现金流	b）使用技能和知识为中小企业提供无担保贷款和保障，通常为合作公司或咨询公司
c）集中交易以进行有效操作	c）为客户颁发"技术能力和未来潜质证书"，以增强其信用
d）披露筛选进程	
ii) 资格	
中小企业，即便其价值为负值	通过合作金融机构及组织，周期性接收贷款申请
iii) 最终时限/期限	
最长5年（担保贷款最长7年）	最长3年（担保贷款最长5年）
iv) 平均利率	
根据信用风险，一般在2%~8%	根据信用风险，一般在2%~8%
v) 贷款额度	
最高5千万日元	最高1亿日元
vi) 安全程度	
一般来说为不安全（无抵押，无担保）	一般来说为不安全（无抵押，无担保）

资料来源：作者基于TMG（2004）和对SGT的采访所制。

根据一名 SGT 的员工所述（2006 年 8 月 23 日，采访一名 SGT 执行高管的记录），在 PF 产品中，自动筛选过程是建立在对客户现金流打分的基础上，主要分析客户在过去两年内的财务报表，同时也会根据客户的一些交易成本的定性信息进行判定。

根据对定量信息的评分和其他定性信息，SGT 会对客户进行信用风险评判，包括负净值的企业。此外，筛选过程还包括确认客户合同以对其现金流进行分析，调查公司 CEO 的个人信用，客户公司主要银行账户的流水及余额。在 2006 年 8 月采访之时，PF 的最终时限为 3 年半左右，平均利率在 6.5% 左右。基本上，SGT 没有向"初创公司"爆发式提供贷款。事实上，PF 是向拥有至少两年会计结算的公司发放。截至 2006 年 8 月，未向初创公司发放 FETCFP 产品。

在 2006 年 3 月出具第一份财务报表时，SGT 在日常业务中损失了 186 亿日元，净损失为 209 亿日元。其正式运营是在 2005 年 7 月，未清贷款余额和担保为最初预计的 3/4。最初预计的基础发展投资，包括信息系统和呼叫中心都产生了负盈利。但是，因为冲销不良贷款不在最初的预计范围内，因此最终赤字额在预期之中。

截至 2006 年 9 月，SGT 的当前收入为 47 亿日元，包括利息收入 35 亿日元，而支出为 201 亿日元，包括贷款损失准备金 99 亿日元。SGT 的净损失为 154 亿日元。与此同时，贷款的未清余额及担保维持在 2819 亿日元。SGT 需要在其贷款业务中寻求规模经济，且需要根据适当的风险调整利差。根据 SGT（基于 2006 年 8 月的采访）的信息，该银行将其市场目标转向年销售额在 5 亿日元以下的微型企业。然而，在 2007 年 3 月的第二份财务报表中，SGT 的日常业务仍有 206 亿日元的亏损，最终净损失为 547 亿日元。其中，不良贷款占总资产的比例从前一年的 0.90% 增长到 6.42%。

据共同社报道，SGT 在发布会上披露，截至 2007 年 9 月底，该银行累计损失达到 936 亿日元，其中在过去 6 个月内产生了 86 亿日元的损失。

造成这些损失的主要原因在于 SGT 存款的高利率和借款的低利率之间调配不均。在 2008 年 2 月，SGT 因其业务不稳定产生大量损失而向 TMG 申请了 400 亿日元的救助。至 2012 年 3 月底，该银行一直依靠当地政府的救助支撑其运营。SGT 曾公开过一份重组计划，其中裁员超过 70%，从 450 人削减至 120 人，并考虑关闭 6 个城市网点，只保留福布斯网在 2008 年 2 月 20 日曾报道过的总部。只能承认，SGT 独特的运营模式：使用积分模式的"区域"及"交易"型银行没有取得成功。在重组计划中，SGT 放弃了交易银行策略，同时引入了以关系银行为基础的监管方式。SGT 仍在市场中艰难地寻求与维护其地位：其 2008 年 3 月发布的第三份财务报表显示，银行的最终净损失为 167 亿日元，2009 年 3 月发布的第四份财务报表显示，净损失为 105 亿日元。

第六节
结　论

日本内阁办公室的经济学家（日本政府）及前经济企划厅（EPA）经济学家 Harada（1999）均强调供给端的重要性，并认为美国优于日本的地方在于美国自 20 世纪 70 年代就施行了银行自由化的政策。他们认为劳动力成本过高及保护既定利益的政策可能是导致日本在国际市场失去优势的原因（内阁办公室，2002；Harada，1999）。供给端则认为日本的潜在增长势头已经在下降。在这种情势下，也就不难理解为什么许多方面，包括 IMF（2000）在内均支持日本的"大爆炸"金融自由化及改革了。日本监管者迅速推进实施了复苏金融系统的框架。作为改革的一部分，主要银行重新资本化，公布的资本充足率也有所提升，多个大型合并的主要银行也已尘埃落定（详见第七章第四节），两家国有化的银行重新私有化，创制了用于储蓄保护的新基金。然而，从增长的情况看，还不能确定向英美金融系统过渡的自由化能否为改变日本经济的增长潜力做出实质性贡献。笔者的目的在于证实这些改革是否适合日本国情。

虽然日本区域性银行在不良贷款的问题上压力比城市银行小得多，但是其解决这一问题的速度相对较低（见图 6.4）。主银行在 1999 年 3 月至 2004 年 9 月减少了 44.7% 的未清不良贷款，同时期的区域性银行只减少了 0.03%。根据 SMEA（2004）的报道，区域性银行为 57% 的小型企业（1~20 名员工）扮演着主银行的角色，而城市银行服务的只有 23%。此外，区域性银行服务了 57% 的中小企业（21~100 名员工），而城市银行只服务了 28%。区域性银行基本为相对较小的企业提供主要银行性质的服务。解决中小企业的不良贷款问题可能会比大型企业还要慢。事实上，不良贷款的占比已经有所改善。但是，这一改善并不能够确保中小企业可以获得更好的金融资源调配。

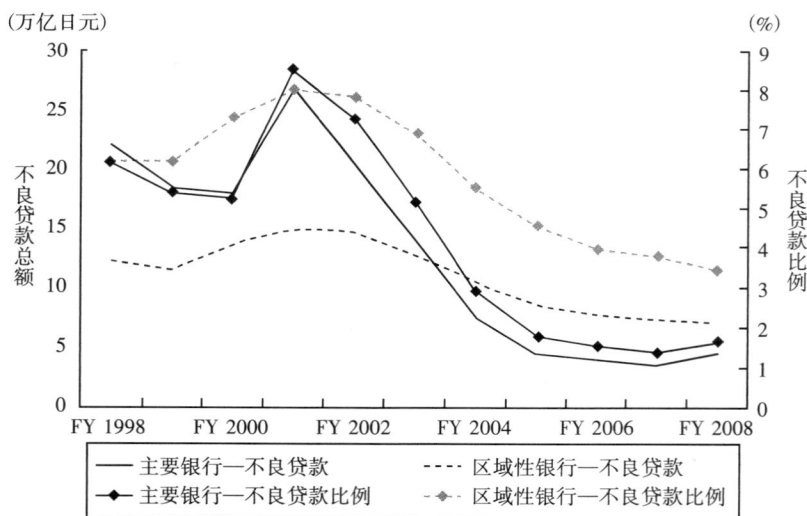

图 6.4　未偿不良贷款的变化

资料来源：金融服务管理局（2010）。

与此同时，BOJ（2004）的数据显示，在"大爆炸"改革实施以后，"费用利润"（包括换汇及信托管理的交易费用）和"其他利润"（包括外汇和债券交易的利润）均没有明显变动。尤其是区域性银行仍主要依赖"利息利润"。从整体来说，日本银行的利润组成仍没有变化。同时，表4.6显示，尽管"大爆炸"改革意图通过重新配置家庭持有的基金以应对迅速老龄化的社会，从非直接金融系统转变为直接金融系统，但是日本家庭在投资组合的风险喜好方面并没有发生变化。截至2007年3月底，家庭持有的未清金融资产增加至1465万亿日元，"安全资产"的比重维持在52.9%，而"风险资产"的比重在15.5%（见表4.6）。

应对不确定性的困难在于金融制度针对的是市场上情绪的波动和群体行为。这种群体行为可以部分解释在经济泡沫时期，当技术发展使得监管高产能企业变得日益困难之时，为什么日本银行仍向房地产过度借款。然而，英美系统中将不确定性分散给广大投资人的行为在日本并不能得以恰当的实施，这是因为一系列的结构性问题，尤其是日本缺乏广大的愿意吸收多样化权益风险的投资人。因此，在日本采用英美系统并不能解决在前沿经济时期借款造成的不确定性。但是，从另一方面看，"信用恐慌"问题的突出是因为银行现在在保留长期产业性融资的主要资源的同时，致力于寻找能与之相配的风险管理方法。

可以说，日本经济的最重要问题是如何确保为创新型中小企业提供足够的金融资源。这将是复苏日本滞胀经济的重要一环。创新型中小企业面对着严峻的竞争，而它们又因为被迫在科技前沿运营而拥有很强的不确定性。对于主要依靠吸取低风险存款生存的银行来说，尽管它们能够吸收短期的信用风险，但是，想要评估借给特定中小企业中长期贷款的风险（或不确定性）是非常困难的。据笔者分析，日本长期经济衰退的主要原因，就在于向中小企业及其他具有增长潜力的行业提供长期基金的金融资源调配危机。

第七章
过渡失败

第一节
引　言

本章内容建立在前几章的基础上，着眼于更深层次的问题。这些问题关系到日本金融系统在这一时期经历的过渡的性质。很显然，在改革之前，日本的金融结构中已经出现了问题。该改革同时也遗留了很多问题尚未解决。这一改革是否合适也值得怀疑。想要挖掘相关的答案，我们则需要提出更宽泛的问题。问题就是，为什么会选择这种改革策略，尤其是日本还面临着一系列尖锐而复杂的问题：

（1）从经济泡沫破裂到 LTCB 破产后的国有化（1998 年），需要回答以下问题。

第一，对于该时期的这种紧急危机已有许多普遍接受的理论。这些理论聚焦于日本财政局（MOF）监管者在不作为和佣金方面反复的失败。但是，这些监管者并没有对于这些惊诧的错误持续存在如此之久做出足够的解释。

第二，当危机终于盼来了改革，日本的金融监管者为什么唯独选择在日本尝试英美的金融监管系统？这一点尤为重要，尤其是这一决定对监管者长期合作的各大银行产生了立竿见影的不良影响。这些影响包括 LTCB 此类信用银行的突然破产，而此前 LTCB 几乎是金融护航系统中的重要一环。

（2）另外一系列问题则与 1998 年实施了"金融大爆炸"后产生的持续性金融衰退有关。

第一，"金融大爆炸"之后立即采取的金融自由化能否解决日本银行界的问题，能否带领日本经济走出长期滞胀的境地？此前自本书中讨论过，监管者试图从各个方面引入英美金融系统以改善国内的持续性滞胀局面，然而，这种过渡尝试却考虑欠妥。

第二，如果全面引入英美监控系统并不适合日本国情，则日本能否摸索出一条适合本国国情的系统呢？

正如第二章第二节内容所述，许多经济学家指出，正是 20 世纪 90 年代监管者在宏观经济方面做出的错误政策才导致了日本银行业危机和后续的经济滞胀。然而，只有少数经济学家说明了为什么这些错误政策会继续施行。例如，Saito（1998）指出，之所以错误的经济政策得以继续施行，是因为在护航系统失效之后，日本急需却又缺少一个"控制塔"。Takeda（2001）批判监管者在披露信息方面缺乏足够的识别能力，尤其是在政策制定进程中。他批判道，在经济泡沫时期，日本银行（BOJ）引入了宽松货币政策，在经济泡沫破灭之后，过渡到了紧缩货币政策，这一时期的政策决策不透明。Takeda 的批判指向这些决策的不透明且表示要通过透明决策来改善政策制定。但正如第三章第四节内容所述，由于存在 Elster 提出的观众效应，透明度不一定总是有效，而且监管者与银行业不过多的共享信息也是确保金融稳定的需要。非正式的信息共享渠道缺失可能会是导致日本银行业危机及持续性金融衰退的更重要原因。

Kanaya 和 Woo（2000）及 Patrick（1998）做出了不同的解释。他们指出与监管部门对抗会产生的影响。Patrick（1998）指出，政府政策错误的一个方面在于财政政策和货币政策使用得越来越不平衡，这一点在第六章第二节曾讨论过。贯穿 20 世纪 90 年代的宏观经济政策是错误的，这一政策看上去与其他政策并不协调，而 Patrick（1998）也指出了这一错误政策下的矛盾点。例如，一方面，MOF 作为银监局依赖于经济增长的复苏以停止并扭转城市房地产价格的下跌，并将边际银行贷款转为良好贷款，否则 MOF 只能缓解持续性的不良贷款问题；另一方面，MOF 作为预算和税务部门，一直在追求减少预算赤字的方法以求有助于经济恢复。Toshida（2001），前 EPA 经济学家，指出日本政府对于其结构性人口问题的认知影响了其预算及减少赤字的政策。但是，在没有检测所有经济性影响的前提下，监管者因为宏观经济政策的影响而决定抛弃主要银行的利益，这一观点在 Toshida 的解释下不能成立。

本章将挖掘一个新的假设来分析日本金融系统为什么会出现独特的"过渡失败"。Francis Fukuyama，《信任：社会道德与繁荣的创造》一书的作者，以及 Ronald Dore，写过许多有关日本的著作（Dore，1998，2000），均指出，日本是一个"信任度高，以团体为主"的社会。有趣的是，日本与美国在社会类别上有着很大的差别。这一点与本书讨论的问题并没有直接的关联。根据 Dore（2000）所著，美国是一个强化个性的社会，而日本是以团体为主的社会，二者分属类别两端。然而，Fukuyama 将两者均定义为信任度高、以团体为主的国家。

如果人们必须在一个信任他人的公司内一起工作，这是因为他们拥有相同的道德标准，则做业务的成本较低。也正因为高度的信任会使得更多的社会关系合并，这样的社会能够以组织为单位做出更好的创新。因此，高度社交化的美国人民在 19 世纪后期 20 世纪早期开创了现代企业的发展模式，日本也在 20 世纪开拓了组织间合作的可能。若人们生活在低信任度的社会中，则只能通过一套拥有规范性条例规章的系统来保障人们的合作。这样的合作会涉及谈判、协议、诉讼及强制执行。法律机构作为信任的替代品，构成了经济学家所谓的"交易成本"。社会中充斥的不信任感给所有的经济活动都增加了一道税收，而这种税收在高信任度的社会中是无须支付的（Fukuyama，1995，pp.27-28）。

如第三章第四节内容所述，日本传统的金融及监控系统中根植着脆弱且非正式的机构布局，尤其是：①主银行系统中存在着密密麻麻的沟通网，而主银行（借方）作为重要操作者，深度参与客户公司（贷方）的运营；②监管者与被监管银行在护航系统中拥有错综复杂的信息网。这两大信息网在日本经济快速增长时期有助于稳定其经济不确定性和非理性波动，同时有效地分配金融资源。

这种"以团体为主"的金融监管系统也是"日本式公司"的一部分。在这一系统中，主银行的任务就是评估客户公司的信用风险及银行要承担的不确定性等级。同时，主银行业得到整个系统的支持，包括公司和监管者在内。但该系统存在一个问题，即一旦需要承担的风险和不确定性超出主银行的能力范围，"以团体为主"系统的脆弱性会急剧增长。笔者认为这一点是金融危机出现的关键所在。

第七章第二节将探讨日本传统监管系统中存在的"信任"之特性，并调查交易成本和非正式机构间的关系理论。笔者将运用这些理论检验日本监管系统遭遇的"过渡失败"之本质。第七章第三节将讨论大量的观众效应会促使监管者允许银行破产。也就是说，这是监管者付出的过渡成本。第七章第四节将探讨日本金融资源媒介在近期的变化。第七章第五节做出总结。

第二节
放弃传统模式的代价——过渡成本

笔者已从机构的角度阐述了什么是"信任"（详见第二章）。想要了解传统模式下的日本金融体系、系统面临的问题及过渡失败，我们需要更加详细地了解在日本传统银行系统中，作为监管模式的支柱——"信任"的类型。这种模式下的信任有以下特点：

一、银行与公司间的信任

（1）主要银行深度参与客户公司的运营，这有助于加强借方的信心和借贷双方的信任度。反复的交易和长期合作也加强了借方对贷方可靠度的信心，相信贷方会努力经营业务，不会对借方做出投机行为。一旦建立起这种信任，就会大量削减因正规机构监控而产生的费用。

（2）公司花费大量精力经营业务以维持主要银行的信任。借方的信任极具价值，可以使公司获得主要银行的经济支持，包括投资及运营资本的稳定信用额度，以及公司临时出现问题时所需的救助资金。

（3）双方均了解，没能达到对方的期望不仅在双方关系中会损害自身的声誉，同时在更广阔的金融层面也会有所损害。在监管系统中，不论是正式合同还是非正式合同，其基于信用的强制性都极其规范。违反相关规定，其声誉和特许权价值会付出高昂的代价。

二、监管者与银行间的信任

在基于保护与制裁机制的护航系统中：

（1）银行与监管者之间交错的信息网有助于监管者在银行建立信任，

至少，银行若出现问题，会及时通过共享信息的非公开渠道报告给监管者。一方面，监管者的及时回应能够保证金融稳定；另一方面，这一建立在信任基础上的信息共享能够阻止银行，尤其是主要银行逃避其作为长期监管机构对其客户公司的监管责任。若没能维护监管者的信任，银行会遭受声誉损失，监管者会剥夺其作为主要银行的放贷机会，从而蒙受经济损失。

（2）银行同样信任监管者担任指导角色，在事后灵活制定新政策并实施，以此维持金融系统的正常运转。

因此，信任是双向的。所以银行业期望，即便在突如其来的不良环境中，监管者也能对银行施以援手。

在"以关系为主"的日本传统金融系统中，互信是很重要的一点。它在合作与监管的交易成本方面起到了重要的抑制作用。日本"以关系为主"的金融系统对于信任的程度与变化非常敏感，而这种信任几乎无法量化。Dore（1998）指出，日本模式中的"系统凝聚力"来源于人们通常所说的"心理共鸣"。他发现该系统内有以下几个行为规则：

1）愿意签署有约束性的长期承诺，视为中等的资金流动性偏好；

2）更关注于长期稳定的回报而非短期获益；

3）关注经济交易中涉及的社会关系的情感及道德品质，因此产生的友谊和相互义务，以及实际盈利能力；

4）将集体的团结视为情感及道德品质的重要组成部分——相关集团性质，根据具体情况包括相关部门、公司、产业、所属国家（即日本）；

5）无论是实质奖励还是给予的尊重，如果公司的不平等范围太广，该公司都无法实现平均主义（Dore，1998，p.777）。

日本公司近期面临的经济环境变化加剧了其不确定性，可能会削弱在经济活动中作为支柱的传统信任关系。但是，日本的这一金融系统依赖于一系列的互信关系，以及一个基于一套不同于以往的正式与非正式的监管规则建立的新系统。这一新的监管系统需要全新而有效的规则以约束投机行为。日本金融过渡失败的一个重要原因就是在新的非正式的约束或信任规则引入之前，原有的系统加速瓦解，导致新系统中的投机行为与高交易成本无法得到限制。

笔者并不是说日本的传统系统仅仅是因为政策错误而瓦解的。笔者曾阐述道，日本的经济过渡一开始经历了追赶时期，此时借方的不确定性基本建立在贷方逃避责任的可能性之上，而后，经济过渡为前沿经济。此时借方的不确定性分为基础性不确定性和创新投资的未来市场带来的不确定性。随着日本经济发展进入前沿型经济时期，主要银行与客户公司间的信任关系并不足以维持金融系统的正常运转。相比之下，这些信任关系成为了推动系统风险增加的主力。它使得银行承受了超量的信用风险。此时的贷款主要包含的是基础性风险，原先基于信任的监控系统就不再适用。笔者评估的重点在于，当传统系统不再适用时，英美系统也不一定适合完成过渡目标。日本金融系统的根基为信任关系，正因如此，其很难转型为英美监管模式。在英美模式中，当企业出现问题，银行可以诉诸法律程序进行清算或企业重组。而日本过渡的问题在于没有对英美金融系统的整体要求有足够清楚的认识。

当监管机构的工作效率低下时，为什么不立即做出改变呢？一般人认为降低交易成本的新制度会被变化中产生的更高级别的交易成本所削弱。Khan（1995）指出，如果某一领域的大财团担心会因变革出局，则它会极力阻止这一变革，过渡也会受到政策的阻挠。根据 Khan（1995，pp.72-73）所著，制度性失败会体现在两个层面："结构性失败"和"过渡性失败"。前者是指现存制度的功能，后者是指低效机构发生变化的效率。若特定的制度结构相比于其他结构，所产生的净利益较低，则会出现"结构性失败"；若在一定时期内，改变制度的结构产生的社会积累性净利益低于其他改变的过程，则会出现"过渡性失败"。Khan 指出，从政治经济学的角度来说，过渡性失败的一个潜在的重要原因在于，某些阶层或财团担心它们会因改革而出局，因此威胁提出制度变革的团体，声称过渡成本太高，从而导致潜在的制度改革未能实际进行（Khan，1995，p.84）。此外，非正式和无形的约束也会导致高过渡成本的出现。

制度分为正式和非正式两种。前者是由第三方（如国家）制定的，包括相关的法律结构——国家政府、地方性政府及所有类型的金融和经济组织都要在该法律下运营。非正式制度不是由第三方制定的，而是自行制定或以非正式的形式制定的。非正式形式包括从文化、地区等之中产生的惯例、习惯性实践、规范、条例等。前文提及的"社会资本"、信托和自发社交性基本都和非正式制度相关，但它们同时也影响着正式制度的运营和制定成本。

North（1990）表示，有些问题会出现在政治制度的变革中，而支持这些制度的非政治制度却不会出现问题。因此，若非正式的约束与新的政治制度不一致时就会出现问题。

这种变化是有可能出现的，尤其是在部分平衡的状况下。但它忽略了许多非正式约束下根深蒂固的文化传承。尽管政治制度会发生整体变革，但与此同时，许多非正式约束仍然能得以留存。因为无论是社会、政治、还是经济方面，它们都能解决行业参与者的基础交换问题。随着时间发展，约束和制度会进行重构——双向性重构——以制造出改革性极小的新平衡（North，1990，p.91）。

总体来说，非正式的制度构成了社会的基础，因为这些惯例与规范稳定了社会期望，构造了社会生活。"这些规则都是通过自我强制力得以执行的。它们是否符合社会参与者的利益决定了其执行力度的强弱"（Knight，1992，p.171）。

非正式性约束是决定制度变化的方向性及速度的潜在重要因素。因为总体来说，正式制度都是基于非正式的惯例和规范进行设计和创制的。但我们能够准确预测变化的方向和速度吗？其中一个因素是我们有限的理性

（详见第二章第二节）。这一有限理性将我们约束在对特定非正式约束的规范之中，像是特定情况下的稳定剂。这一理性分析警告我们，可能有重要的非正式性约束在支撑着一个我们没有意识到的正式制度系统。同样，若在缺少合适的非正式规范结构下创制正式制度，无法使其行之有效，则会进一步削弱已有的非正式制度框架，而非增强该框架。

若假设经济主体是自我利益驱动的，则会导致产生分析错误。这表明制度的改变会趋向于造福全体人民（Knight，1992，p.109）。但是，博弈论中的囚徒困境原理告诉人们，在理性的、以自我利益驱动的主体间，共赢的占优策略是不存在的。同样重要的是，制度的变化是在有限理性或程序性理性下进行的。人们通常无法就特定的社会制度整体利益给出满意的评估，这是因为人们对于推动这一制度运转的非正式约束知之甚少。因此，过渡失败不仅改变了正式制度，还改变了正式与非正式制度间的不确定关系。在这种不确定、不完善的信息和高交易成本的情况下，不完善的反馈和意识形态影响着经济主体的模式，并塑造了其过渡路径（North，1990）。

除去特定的正式制度与支撑它的非正式制度间的兼容性问题外，若突然放弃一个基于特定信任关系的正式制度系统，可能会造成该系统与其信任关系的整体崩溃。其代价是高昂的。当系统中的信任受到整体侵蚀，会使得（任何方向的）过渡道路的成本更高，因为任何过渡牵涉的主体和组织会出现集体崩溃。这样的失败会产生"集体不作为"，所有参与主体都选择维持现状。因为信任瓦解，所有的行业参与者都不愿与他人合作。因此，现存系统中的信任瓦解导致可选择的替代性制度范围缩小。

上述分析解释了为什么在监管者已经引入了新系统及正式制度之后，日本各银行虽难过但仍继续按照原有系统进行运营。如前文所述，当日本成为"前沿经济体"后，日本公司面临着更大更基础性的不确定性，日本银行也面临着更高的潜在监控成本，这会限制其敞口。与此同时，正式制度也在制定着日本银行的生存背景，例如，引入《巴塞尔协议》的资本充足率要求和量化信用风险。量化信用风险旨在让银行避免承担过量的信用风险。但除此之外，包括 LTCB 在内的日本银行仍持续扮演着在传统的主银行框架下的主银行角色。例如，EIE 国际（一家房地产开发商）在 LTCB 的未偿贷款余额从 1990 年底的 350 亿日元激增到 1993 年的 2000 亿日元。这是尝试了银行救助的结果（Harada，1999）。如第五章所述，LTCB 一直在支持其出现问题的客户。在 1994 年 3 月，LTCB 使用的本银行未实现资本收益高达 1.26 万亿日元。

自 20 世纪 90 年代起，人们对于信用风险的意识在不断觉醒。在第五章曾写道，贷款利差的变化也是受到了这一意识觉醒的影响。然而，BOJ（2001b）指出，贷款利差的增长仅抵消了存款利差的收缩，并使得贷款损失得到覆盖。日本各银行无法充分提高价差率。BOJ（2001b）比较了美国银行和日本银行的整体利润率和信贷成本。日本银行在 20 世纪 90 年代的平均利润率在 2%以下，而美国银行则将其利润率扩大到 3.5%~4%。德国银行和法国银行的整体利润率在 3%~4%。欧洲银行的平均利润率在 4%左右。这些突出了日本各银行的利润率之低。有些人认为，这是日本银行在信用风险管理和定价行为方面的弱点。另外，BOJ（2001b）指出，由于日本银行倾向于与客户建立长期关系，导致这一问题的真正原因在于银行无法单方面扩大借款的利润率。

公众的房贷是美国及欧洲的主要获利点，但是公众对房贷的狂热使得日本银行的利润结构很难多样化。BOJ（2001b）指出，美国银行在 20 世纪 90 年代早期大量提升了其利润，其中一个原因在于其大规模发展房贷。1999 年，美国银行的房贷占总贷款的比例近 25%，而日本银行只有 15%（ibid，p.18）。日本房贷市场中的公共金融机构减少，相比能够为日本银行带来利润的提升，使银行享受更高的利差率，同时又没有 Stiglitz 和 Weiss（1981）提出的严重逆向选择和道德风险影响。这是因为向基础借款发放的任何传统房贷为银行带来高利润，其敞口有不动产抵押作担保。

因此，像 LTCB 一样，许多银行利用股票投资组合中的未实现资本收益补偿其低利润率，以此覆盖在配合和冲销中增加的成本。如果这些银行试图将其高信用成本转移给客户，则借款人的后果将不堪设想。根据内阁办公室（2004，p.260）所著，银行（包括普通银行、外国银行、专门服务于农林渔业的银行及小型商业金融公司）在 2000 财政年的未偿贷款资产约达 698.7 万亿日元。若日本银行将借款利润率提高至 1.5%，则增加的利息收入约为 10.5 万亿日元。若提高至 2%，则增加的利息收入约为 14 万亿日元。到 2001 年 3 月，未偿不良贷款为 32.5 万亿日元。若高利息率不会引起更多的破产，则提高利差率可以覆盖 1/3 的不良贷款。但有意思的是日本银行基本没有尝试过提高利差率。

还有其他一系列相似的过渡失败都是由于主体在新结构的正式规划下，仍按照非正式的规则操作造成的。除上述讨论的问题外，以下"过渡失败"可视为该问题的常见方面：

（1）主银行与其客户公司建立的关系阻碍了主银行的不良短款利息收入。几乎无法证明银行给客户施加了足够的压力以收回贷款。这一点在宏观层面上是理智的。因为一旦主要银行对所有有问题的公司进行归档和清算，银行会面临无法承担的损失。若银行在 20 世纪 90 年代，对于不良贷款采取硬着陆策略，则会在公司层面引发严重的不良后果，导致高失业率，并使宏观经济恶化。银行均不采用新监管系统推行的制度，可以解释其继续维持非正式关系的行为，因为新系统中尚未建立起足够的信任。

（2）如第四章第四节所述，日本家庭的投资选择仍旧显示了"规避风险"的偏好。这也使得日本很难向以证券为基础的直接金融系统过渡。除非日本达到了巴塞尔标准对短期组合质量的要求（详见第四章第三节），日本将仍需要非直接投资。

第六章曾提及，这些要求会导致中小企业的信用紧缩。因此，日本银行面临着艰难的抉择，是"进行信用定量"还是"吸收更好的信用风险"。

日本银行期待与中小企业借款人建立新型关系，其中的风险能够得到新规定下监管者的强制监管。这些新型关系中缺乏信任，导致银行选择对信用进行定量。这也是日本经济持续衰退的一项重要原因。

（3）在传统的护航系统下，面临困难的银行寄希望于监管者出台解决不良贷款的方法。银行仍抱有此种期待，而监管者出台的一系列规则却导致信任丧失。信任缺失可能导致的一种结果是主银行将继续按照原有制度运作，使得监管者难以推行新制度。监管者可以对此做出回应以重建信任。一旦监管者放任主要银行在新规则下破产，则信任会遭受到进一步破坏，且主要银行更加不愿企业接受集体利益的损失。日本金融危机持续性的一个解释为，在传统监控系统与信任关系一同瓦解的背景下，监管者与主要银行均试图证明对方的意图及承诺。

第三节
观众效应加剧

本节将分析在没有考虑所有经济影响做出的放弃主银行的监管决策，其带来的政治性实践，讨论为什么日本监管者完全转向发展英美的、基于规则的监管系统。笔者认为，监管者没能恰当地对日本金融危机给予回应。这可通过第三章第四节内容中的观众效应得到解释。这一逻辑的重点在于监管者的决策越来越受到公众意见的约束，在 20 世纪 90 年代尤甚。下文列举的一系列作为失败和丑闻加剧了当时金融系统中的公众不信任度。

日本传统的护航系统是监管者与银行系统之间享有非公开的信息共享渠道。这一点备受争议。这一点也可以从理论上解释出寻求租金的效率低下，以及日本金融结构的危机。

在传统的日本护航系统中，监管者和银行产业享有非公开的信息共享渠道，这一点一直备受争议。因为这一结构可以在理论上解释寻求租金的低产出，以及日本金融结构的危机。事实上，日本长期以来拥有一项有意思的惯例，即针对监管者的"理性监管"。这与限制低产出寻求租金业务的银行类似（Dore，2000，pp.158-159）。但是，在泡沫经济破灭后，包括知识分子和意见领袖在内的民粹主义媒介均开始攻击银行、金融厅与政治集团间的关系。自 1991 年起，这些攻击都集中在曝光日本各银行的非法贷款。例如，在 1991 年春季，住友银行（后来的住友三菱金融集团）向 Ito-man 公司的非法贷款丑闻，1991 年 7 月，富士银行（瑞穗银行）、京都琦玉银行（理索纳银行）以及东海银行（三菱-UFJ 银行）各自涉及的非法贷款，以及 1991 年 8 月东洋信用与 IBJ（瑞穗银行）的非法存款。

此外，在 1991 年 6 月前后曝光了一起野村证券的丑闻。这家日本最好的证券公司涉及掩盖和操作市场的行为。一开始，媒体只是指责银行的失职。很快，"因为银行界之前暴露过的丑闻，银行以前承诺的精英式清廉遭到破坏"（Dore，2000，p.158）。不论如何，任何腐败官员非法泄露信息而导致权力滥用都应该受到指责。但是，受到媒体和知识分子主导的报道形成了一种公众抗议。而这一抗议未能冷静地分析，在日本当下的国情中，以关系为基础的金融系统的主要利害。

新闻报道了检察官在调查银行欺诈案件时的餐费，却很少报道政府方面的回应："我们的决定不会受到公餐和高尔夫接待的影响，我们所能接受的接待水准都是相当的。但这是我们以非正式的方式了解行业问题的重要方法。这些方法也能够建立起信任关系，使得日本在只有 400 名银行监管人员的情况下拥有诚实可信的银行业务。相比之下，美国的监管人是日本的 10 倍……"（ibid，p.159）

媒体和知识分子关注于护航系统中非公开关系不时显现的消极方面，他们并没有考虑其中的积极影响。护航系统在总成本低的情况下维护了一个行之有效的监控系统。日本面临的挑战是对这一系统进行改革，并在经济模式由追赶型经济转换成前沿型经济时，将原有监管与监控模式进行调整，适应新型经济体系，并且公众抗议也仅仅是针对经济自由化将金融系统向英美模式过渡。

媒体越强调"害群之马"（Dore，2000），日本国内的"观众成本"就越高。Nishimura（1999）在1994年受任金融厅银行部部长时引用了一名资深员工的观点："在过去，公众支持金融厅的一切行为，因为公众信任金融厅在维护国家的利益。而在1991年曝光了主要证券公司掩盖和操纵市场的丑闻后，公众不再无条件相信金融厅。"Nishimura进一步指出这是金融厅的一个转折点。

金融厅与银行之间的原有关系能够使用相对低的监控成本达到有效的监控。但这已经迅速开始动摇。金融厅已公开宣布不会救助无法度过金融自由化进程的金融机构。在1993年，细川首相上台并组建联合政府后，金融自由化进程中的观众效应得到加剧。也正是在1993年，自由民主党在执政38年后首次失势。细川政府需要解决一系列政治上的问题，包括GATT在乌拉圭进行贸易协商谈判时达成的决议。这一决议要求日本开放大米市场，然而国内的强势农业利益团体和代表非城市地区的政治人物均强烈反对。细川政府需要领导由八个政治集团组成的联合政府，政府内政见不一，此时还需要注意国内的选举改革。在这种情况下，不良贷款问题就不是政治事务上的最重要环节了。

存款利率上限的自由化按计划在1994年10月已完成。在1994年秋季，BOJ的前行长发表声明，拥有财务困难的一些小型银行，其破产在所难免，甚至是时代所趋（Okuno-Fujiwara，1997，p.375）。

在1994年10月，存款利率上限的自由化依既定计划完成。1994年，两家信用合作社就落入了这一类型：东京协和信用合作社和Anzen信用合作社。此时，日本并没有像以往一样，让一家主银行接手这些小型银行，而是由BOJ注资成立了东京共同社银行。在原有的护航系统下，银行通常扮演着"白骑士"的角色，且在使用兼并与收购的方式解决中型金融机构破产的问题上，这一角色尤为重要。然而，现在的这一状况表明，日本主银行在金融厅的支持下扮演这一角色的时代已经结束。另一个挑战原有关系的案例是，在 1995 年，日本政府暂停了 Cosmo 信用合作社和 Kizu 信用合作社的取款及借贷业务。

1996 年 6 月，the Diet 通过了六项法律，建立起住房贷款管理公司和 Resolution Collective Bank，以解决住房贷款（Jusen）公司及合作信用社的清算问题。但是，政府注资 6850 亿日元的公共资金解决 Jusen 的问题导致了公众不满的加剧。再加上持续的金融衰退使公众产生悲观的情绪，这些都让金融厅官员和银行里的 MOF-tan 对于使用原有的制度安排与关系来复苏这一经济领域感到犹豫不决。Okuno-Fujiwara（2002，pp.77-79）批判公众和媒体的报道有失偏颇，并表明，包括他在内的经济学家应公开可以快速解决 Jusen 问题的办法，因为这一问题拖延下去只会影响政府和银行解决不良贷款问题。西村，金融厅银行部的前部长，在当时发表了一段意味深长的言论：

"金融厅并非有意拖延对经济泡沫破裂的回应，而是金融厅没有足够的能力采取事前防范的行动。这样的行动政策会招致强烈的批判，且对于日本的未来发展来说，实施这样的政策需要强有力的政府进行支持。政府需要应对公众的抗议与骚动。但是，有哪个单位及部门能够承受这些事情呢？将压力向国外转移是解决这些政治性难题的一项政治经济手段。因为（日本国内）没有任何一个部门应该承担相应责任。但是，这一经济问题造成的影响太大又太复杂，尚不适用这一政经手段。"（西村，1999，p.89）

与此同时，由于先前曝光了一系列丑闻，金融厅的一些官员提醒银行可能会有相关调查。在 1998 年 3 月，四名官员因此被捕，上级负责官员 Yoichi Otsuki 在 1998 年 1 月负罪自杀（Kindleberger，2000，p.87）。

到了 1998 年中期，如何救助 LTCB 在议会已成为一项政治议题而非经济议题，而金融厅成为了解决金融问题的主要机构。尽管自由民主党起草了一个方案以复苏经济基础薄弱银行，且在 1998 年 7 月初提出议案，创制"过渡银行"以直接控制破产机构的运作，但细川政府却没能将这些议案进行实际立项。西村（1999）指出，因为金融厅官员助力了公众对抗金融厅，这一系列丑闻的曝光导致 MOF 对于国家事项的参与度降低。Uriu（1999）指出，公众的注意力关注在政府过去的失败上，政府应拥有强大的动力以避免未来出现更多的政策错误：在缺乏强大领导力和方向时，政府对于大胆的行动和方案持谨慎态度。Toya（2003）认为，日本"金融大爆炸"（即金融自由化）相关的政治经济情况可以基本解释为什么所有的行业参与者都在寻求机构生存办法，尤其是在失去了公众信任之后，获取信任成为最主要的目的。这一现象表明，在这样的金融系统中，行业参与者无论如何都会对公众做出回应，即便这会对机构间的信任关系引起极大的不良影响。一系列的政策错误和丑闻使得金融厅丧失了其在制定和监管日本金融系统的公众信任。此外，银行业的一系列丑闻（例如，1997 年 3 月曝光的野村证券和第一劝业银行的非法企业补偿）表明，银行业也失去了公众信任。这会导致更高的观众成本，会阻碍监管者和被监管者之间关系的重建。这就是信任崩溃的背景。其中，我们需了解在 1997~1998 年，金融危机中监管者退位的必然，之后持续性的金融衰退，以及金融自由化后的短暂加速。这些都对日本金融领域造成了更深的不良影响。

第四节
日本银行在危机后采取的措施

在 1999 年向银行系统注入公共资金后，日本的主要银行合并为所谓的"四大"："Mizu-Ho"金融集团，由第一劝业银行、富士银行和日本兴业银行合并而成（这几家银行在 2000 年 9 月组建了新的金融控股公司，瑞穗控股）；日本联合金融集团，或称"UFJ"，由三和银行、东海银行和东洋信托公司合并而成；三井住友银行公司，由住友银行和樱花银行合并而成（两家银行在 2001 年 4 月合并）；三菱东京金融集团，由三菱东京银行、三菱信托和日本信托三家合并而成。同时，国有化的银行再度私有化。LTCB 在 2000 年 3 月卖给了 Ripplewood 控股公司，一家美国投资公司旗下的投资人，并重新命名为新生银行（含有重生之意）。在 2000 年 6 月，软件银行的投资人在谈判结束后收购了 NCB，并签订了基本的销售协议。在 2001 年 1 月，NCB 被重新命名为"青空"（含义为蓝天）。

在 2003 年 5 月 30 日，理索纳银行有限公司（由大和银行和朝日银行合并而成）依据存款保险法第 105.1 条规定，申请"重新资本化"。同年 6 月 10 日，日本金融厅（FSA）同意向理索纳银行注资 1.96 万亿日元进行重新资本化，但要求其减少资本以弥补其重新资本化带来的损失。

业内经常提起"四大"的合并，目的在于创建超大型银行以形成国际竞争力。但是，主要的目的恐怕是通过重组以清除巨大的坏账负担，通过合并以缩减成本。从政治的角度看，这些合并相当于重构，以换取公共资金的注资，这样的注资方式也一直是争议的焦点。同时，LTCB 和 NCB 的前 CEO 以及高管们被捕并对银行破产负责，包括账目欺诈和虚假披露在内。这些事实也导致许多银行通过合并以更换管理层。

日本银行业的不良贷款大量积聚也导致其监管企业的能力遭到质疑。然而，笔者曾表明，金融危机前的问题积聚，其部分原因在于日本企业和金融领域的不稳定性，这些本可以在原有基础上建立调整机制得以解决。问题的关键在于不应继续在追赶策略的基础上调整投资的内在风险，而是应该以创新的方式进行投资。这些基本可以通过主银行及监管者调整评估策略来实现，并且能够允许在新的投资中存在较高的违约比例。这种方式的改革可能不会成功，但是当局却从未尝试过。相反，现在全盘放弃以关系为基础的银行业结构导致行业过渡陷入了新问题，系统中信任的全部丧失导致不同部门无法协调配合。

日本主银行系统是公司治理系统的一部分。主银行除非想要放弃其地位，一般均不会在市场上出售其股份。然而，自日本在 1997 年发生了金融危机以来，日本各银行加速出售股份，并减少交叉持股。无论银行是在金融动荡时还是在 1997~1998 年金融危机期间出售股票，都是为了寻求资金并实现资本盈利以冲销不良贷款。之后，政府出台限制银行持股的系统加速了股份出售（见 2001 年 4 月的政府经济措施）。FSA 也针对银行持股出台了新限制以配合银行风险管理能力的外部措施。FSA 基于《巴塞尔协议》中对一级权益资本做出的定义，为了减少价格波动风险而做出的决定，即为了减少因资本不足导致市场价值降低的风险（见 FSA 在 2001 年 6 月 26 日发行的刊物）。

先前提及的"大型合并银行"是通过让银行重新获得调解金融资源和在企业中筹集监管能力，以便让日式企业集团直接或间接地得以生存。鉴于"大爆炸"改革后，银行监管者在十年内都缺少方向，这可能是唯一可行的选择以确保日本企业及银行业拥有有效的金融中介和监管。每个日式企业集团都进行了集团间/集团内的合作和合并，跟随主要日本银行的巨大合并浪潮。这一新的框架不仅包括银行业，也包括其他产业。它使得以前处于竞争状态的公司能够合并，并以新规模的经济体争取更大的竞争力。相关案例包括：三井住友集团旗下的两家非人寿保险公司，住友海洋与三井海洋，在 2001 年 10 月合并为三井住友海洋公司。住友化学和三井化学在 2003 年 10 月同意合并成为一个控股公司。两家综合商社（综合贸易商场）住友公司和三井公司在多个领域达成了合作。安田、尼桑和大成火灾保险公司在 2002 年 4 月合并成立了日本财产保险公司。大型钢铁公司川崎钢铁与 NKK 以前分别隶属于第一劝业集团（DKB）和 Fuyo 集团（富士）。这两家钢铁公司在 2002 年 10 月通过一家控股公司合并。这些合并可以做以下解读：

（1）每一个日式企业集团都拥有大型银行、保险公司、综合商社，以及各类制造业务及服务业务。即便集团的核心银行无法在集团的所有事务中再担任金融中介和谨慎的监管者，集团中的其他公司会试图承担或分担这些角色，在集团内分配少数的风险资金。

（2）综合商社和有潜质的制造业公司提升了水平与知识储备，通过直接投资或内化一些支持性产业以监管相关产业，这直接导致其业务种类多样。集团间/集团内的投资可视为获取和利用监管所积聚的水平的尝试。

这些行为可以视为私人领域参与者试图克服当前金融中介危机的自发行为，以及核心银行没能成功获取或调配有效的信用风险管理技术。尽管这些发展也可以被解读为发展寡头的策略，而这一策略本身对整体经济拥有潜在的不良影响。但是我们也应该调查这些变化，了解这些行动是否有助于日本克服持续的金融衰退。

第五节
总　结

日本传统的金融中介及监管模式（包括银行监管）都应该整体调整或用新模式取代，因为当日本进入前沿经济时代，传统模式已经导致了金融监管者在事后监管的低效率。然而，完全采用英美模式并按照《巴塞尔协议》发展已经被证明是无效且高风险的解决方案。笔者认为，正是这一方案导致日本长期持续地处于金融衰退时期。

我们认为，财团化金融及监管系统对信任关系有很强的依赖性。在应对这些结构性失败的过程中，其脆弱性得到充分暴露。一方面，除了对公司的监管，日本的财团化系统稳定了放贷人的情绪波动，日本的经济也在其有效分配经济资源的前提下得以快速发展；另一方面，十分依赖信任关系的系统而放弃现有系统时会付出更高的"过渡成本"，因为日本的主银行会面对更高的风险与更多的不确定性，这些均远超过银行能够吸收的范围。这一点对于该系统来说很具讽刺性。维持现状（继续支持有问题的客户公司）的同时不解决不良贷款（尤其是持续到 2003 年的上半年）会导致一个悲惨的结果。笔者也试图分析了导致过渡失败与超长金融滞胀的"非正式"机构的设置及约束。

日本应该以适中的速度改变其监管系统，同时明确机构改变的方向（维持金融稳定的方向），充分考虑日本因抛弃原有机构而产生的高成本。包括金融"大爆炸"快速自由化，和快速向以规则为基础的银行监管系统过渡均导致 1997~1998 年金融危机的急剧恶化，以及长期的金融滞胀。笔者将其定位为意义重大的"过渡失败"。在此过程中，过渡的整体成本远远超过彻底改变监管模式的任何潜在收益。监管者重获声誉的策略，在观众成本加剧下优先考虑自身生存，以及民粹主义媒体均导致突然间放弃护航系统。在以信任为基础的信息共享系统中，这些现象更加速了相互信任的瓦解。对监管者的信任瓦解导致其回避行为的出现，不愿面对初创公司的新风险。而这些初创公司是日本的未来所在。

在编写本书之时，银行和监管者仍没有对监管者和银行产业之间的关系进行修复或改革。这种修复和改革应基于日本的企业结构，投资基础和风险承受规模，而这些都需要利用已有的（但未能续存的）信任关系。笔者曾讨论过，没能在银行、监管者和公司间建立起合适的关系，阻碍了金融中介和监控的有效作用，同时也减慢了朝着监管者选定方向的过渡进程。笔者重申，仅仅复苏战后及追赶时期的经济结构和实操的方法不再可行，不仅是因为传统系统拥有自身缺陷，更加根本的原因在于这一系统的旧有形式已经不适用于前沿经济。然而，问题的焦点在于改革后的系统应该建立在日本最有效的非正式制度因素之上。这不仅会产生一个更加可行的结构，还会使得过渡能够快速推进，不会从各个方面传来反对声。最好的结果应是企业及金融结构的自发改变，是实实在在建立在这些历史性事件和关系之上的。改革的挑战是认识到这些优势，在不同的传统金融结构维度上使用优势、进行改革，以此对抗日本经济面临的新任务和挑战。

第八章
结　论

第一节
简要总结

本书分析了从 20 世纪 90 年代至 21 世纪前五年间，日本金融体系制度变化与长期金融衰退的关系，基本上是从金融系统如何执行其监管职能的制度要求入手分析。本书致力于尝试回答以下问题：

第一，日本传统的金融监管模式在经济高速发展时期非常有效，为什么在 1998 年进行金融改革时却失去了效力？在经济高速发展时期，传统模式的哪些制度特性使其行之有效？在 1974 年的石油危机之后，经济高速发展时期终止，此后又是什么因素阻碍了有效的监管？我们应如何分析金融制度结构与相关监管成本之间的关系？

第二，本书中，笔者详述了在日本经济变为前沿型经济时，传统模式下监管成本的增加是如何导致本国的金融结构朝着英美模式，即使用《巴塞尔协议》约定的透明及算法监管模式变革的。笔者想了解在怎样的情况下这种过渡是可行的。向英美模式和《巴塞尔协议》约定模式过渡，需要哪些基础和制度背景？日本拥有这些基础吗？

第三，笔者希望了解为什么在 1991 年发生金融泡沫破灭后，日本的金融衰退持续如此之久，影响如此之深。普遍认可的理论从一系列对此进行解释，但是主要观点均指出，从金融泡沫破灭到 LTCB 国有化的这段时间内，监管者（MOF）一方面存在监管过失，另一方面也存在监管过度。这些都对日本经济造成了不良影响。然而，这些观点都没有说明为什么这种政策错误持续了这么久，为什么监管者的立场改变如此之大，使得金融改革政策转向采用英美以规则为主的监管模式？这是非常重要的问题，因为这种改变会对财务出现问题的银行产生立竿见影的不良影响。作为案例研究，笔者关注的是监管者是如何使得护航系统中的重要一环——日本主银行（LTCB）破产的。

第四，在 1998 年的金融"大爆炸"发生不久，日本的金融自由化基本完成。这一举动会将日本银行和日本经济解救出长期滞胀还是会令滞胀更加严重？如果采用英美监管系统很难形成有效的制度体系以解决日本经济中的问题，能否再重新采用传统监管系统呢？若无法重新采用传统系统，日本能否发掘更适用的方法？为什么日本的金融过渡如此艰难？

本书做出了以下结论和贡献：

第一，本书讨论过，在 20 世纪 70 年代中期，因为日本经济环境变为前沿经济，使得日本国内的国际化、金融自由化，尤其是技术变化加速。日本传统金融系统没能就这一时期内对某些类型的不确定性做出足够的应对，导致系统中出现了结构性失败。这些改变促使日本传统监管系统不再高效。

第二，但是，笔者也指出，日本当局对于这些问题的解决方案的考虑与布局均有不足和不当之处。当局实施的计划是快速过渡策略，使用的是以《巴塞尔协议》的透明及算法监管方式为基础的英美金融监管系统。但这一策略中忽视了使之必然成功的必要条件。尤其是忽略了日本的投资者与借贷者规避风险与管控不确定性的方式。笔者曾提到，日本当局的过渡策略事实上加剧了行业关键参与者所面临的不确定性，在向大型企业集团贷款时，也没有完全抛弃以关系为基础的模式。这些变化的主要影响在于阻碍了金融资源配置的健全发展，这对于宏观经济和初创企业有着负面影响。尤其是初创企业，它依赖于机构或个人投资者共同承担行业的不确定性。日本的过渡系统在这一重要领域有着明显的缺失。因此，这次过渡对于日本金融系统将产生危险性的后果。

第三，本书追溯了日本监管系统的改变对于日本银行的运作产生了何种影响，并以 LTCB 破产为例说明了这一改变如何加速了 1997~1998 年的金融危机。

第四，本书同时指出，日本金融系统跌入了一个奇特的"过渡失败"状态。过渡失败包括两方面。一是抛弃原有制度后创制新型制度的成本太高，无法平稳过渡到新制度，而公众期待过渡成本能够相对较低。产生这一现象的主要原因在于面对不确定性，当局选择了不太适合的新型制度。二是在知道放弃已有系统的成本很高的情况下，仍计划不周或出现误解，导致在长期不确定的过渡时期内产生净损失。笔者认为，日本的情况倾向于第二种。

第五，本书指出了一些可以进一步挖掘其含义的政策。本书的分析支持探索和改进"混合"体系：在英美及西方金融模式下，为风险投资和初创企业寻求发展"直接金融"市场。同时认识到日本零售投资市场的重要结构特点，在这一"间接金融"市场中，银行在长期借贷中扮演着重要的角色，这一状况在很长时间内会对日本金融系统进行完善。这些政策含义旨在使用更多精力寻求恰当的平衡，而不是"一锅端"，但这种方式在金融危机爆发后的一段时间内一直没有得以采用。

金融资源的平稳循环是复苏经济活动的一个必要条件。因此，对金融中介的有效筛选和监管对于经济增长来说非常关键。然而，监管不是完美无缺的，也不可能实现零成本。所以，经济能够有效吸收商业单位的信用风险及相关不确定性并使之多样化，以及在经济环境，如商业圈发生变化时，能够及时做出反应显得十分重要。单独来看，《巴塞尔协议》要求满足8%的资本充足率，这一点作为确保银行偿付能力来说是有道理的。但是，在金融资金流动需要中介的日本，这一要求限制了银行在吸收及分散企业面临的信用风险和不确定性方面的权利范围和能力。为了实行《巴塞尔协议》而对银行做出的附加限制进一步限定了其吸收新型不确定性的能力。在没有其他制度结构能够对金融资金流动起到中介作用的情况下，这一改革实际上阻碍了金融资源的充足循环。此外，在第六章第二节曾提过，当局没有意图想要施行大爆炸改革或为银行引入规范，以严格遵守PCA框架下的权益资本对冲来解决1997~1998年的金融混乱局面。这些政策的改变被看作对于以市场及规则为基础的金融体系这一长期制度建设的一部分。但很讽刺，在金融危机时期引入这些改变非常不明智，它们加速了金融衰退。总体来说，人们认为《巴塞尔协议》的资本充足率要求是顺时而为，在金融衰退时期引入这一制度非常不明智。

　　笔者的分析认为，有一系列原因可以证明日本的金融系统不适合转变为英美模式。尤其是在英美模式中，个体或家庭投资者都展现出了吸收投资中风险和不确定性的意愿，而日本缺少这种类型的投资者基础。适合日本前沿经济时期的金融制度还需进一步的分析和实践实验。与此同时，日本金融领域包括新生的"直接金融"市场和主导的"间接金融"市场，因此需要认识到发展"混合"系统以塑造日本金融领域的重要性。尤其是在当时，一个由银行运作的有效的非直接金融机制仍然对日本的总体金融系统起着关键性作用。有观点认为，日本银行需要针对企业来发展及改造其监管系统，因为这一类型的长期借款不适用在金融大爆炸及后续改革时期使用的完全编码化、数字化的监管模式。本书认为，由主银行带领的传统监管模式已经出现问题且不可继续使用。但笔者认为，主银行可以将精力投入与监管者的合作上，使用二者间的关系网以开发对不确定性和风险的新型分类及监管方式。利用日本原有金融系统长处建立起的改革要优于整体抛弃原有系统而建立起的改革，因为利用长处建立起的改革拥有更大的成功概率。这也与凯恩斯主义以及后凯恩斯主义的非主流分析中对于前沿经济投资中的不确定性并非可量化的观点一致。本书不提供任何其他的金融结构，因为这种结构只能通过不断尝试和修正才能适应当时的环境。笔者对于政策方面的结论为，日本当时施行的改革试验方向并不是最有效的。

第二节
日本金融滞胀的教训

我们从日本改革的几个主要问题方面进行总结，为日后对于金融制度和金融改革进程的广泛研究提供借鉴。

第一，简单地采用其他国家的金融系统是不可取的。笔者主要研究的是日本试图在国内全盘使用英美监管模式。同样，如果其他发展中国家在没有对其自身金融市场和关系网络进行充分认知和细致分析的情况下，全盘照搬日本传统的以银行为中心的非直接金融系统也是不可取的。

Gerschenkron（1962）指出，日本作为一个后起的工业化国家，无法依赖其内部储备及企业盈余，也无法拥有发展健全的直接金融市场来帮助人民从存款直接用于投资。日本只能依赖于银行的信用创造通过直接金融注入产业。日本传统的金融体系是以银行为主的，并非直接金融体系。这一体系不仅为日本，也为亚洲的一系列新兴国家的成功带来了经济增长和产业化。

普遍观点认为，日本传统的以银行为基础的金融监管系统成就了日本的经济快速增长。然而，在早期产业化阶段，怎样运用日本的模式才能更好地适用于其他发展中国家呢？在第三章第四节及第七章曾提及，笔者观察了日本传统金融监管系统中作为支撑的一些独特的非正式制度，这些制度对于确保监管活动的有效性非常关键。尤其是银行与客户公司之间紧密的关系网——借方可以深度参与贷方的运营，以及监管者与银行产业紧密的关系网，均保证了系统内整体的交易成本维持在较低水平。因此，日本用于支持其"紧密关系网"的独特的"社会资本"或"自发社会性"（见第二章第四节）在日本追赶时期的监管模式中起到了非常有效的作用。在其他亚洲经济体中，有效使用了日本这一金融模式的国家均结合了当地的国情，因此没有产生严重的道德风险和损失（Khan，2000b；Hellmann 等，1997）。所以，简单照搬日本模式中的正式制度及规则并不能保证成功有效。

在第七章，笔者讨论过日本模式中潜藏的脆弱性。当金融系统所处的环境拥有很高的基础不确定性，而不确定性无法被已有的运作规则所吸收时，就会产生脆弱性。尤其是前沿经济有一项规则，若对于创新进行投资，一些投资人可能会成功，而另一些人的投资可能有去无回。传统的金融及监管系统在较低的利润率的基础上分享和吸收所有风险，这种系统在日本的经济追赶时期非常有效，但仍需要做出一些改变以防失败扩大化。这一调整要求传播行业间投资的经验法则与技术，和更高的营业利润率共同吸收更大的平均损失。没有任何理论原因来解释为什么基于紧密监管网络的系统无法适应这些挑战，且事实上确实没能适应。其他经历早期工业化，希望创制类似系统的国家应充分重视日本金融系统中潜在的脆弱性。当系统接近技术前沿时，需要了解此时面临的各种挑战，而日本的案例则表明在早期采取恰当的行动非常重要。

第二，在日本从追赶型经济发展到前沿型经济时，日本可以选择过渡到一个更社会化、将信用风险与不确定性多元化的系统。在前沿型经济中，以银行为基础的非直接金融系统需要为创新提供资金，这就面临了一个新级别的不确定性。但是笔者认为，这一点可以通过使用经验规则和运营利润率实现。但这一观点不一定会被所有分析者所接受。在强调"社会资本"和"自发社交性"是重要的经济组织和增长因素时，Francis Fukuyama 指出，从经济福利的角度来说，社会连带关系并不一定有优势（Fukuyama，1995，p.139）。Fukuyama 引用了 Schumpeter 的原话"资本主义是'创造性毁灭'的过程"，低效率的组织需要整改或消失，然后创造新的组织。经济进步需要不断以新的代替原有的。笔者的观点是这一过程基本可以通过银行系统来调节，经过一系列的试错和改进的实践检测。笔者尚不能完全证明此观点，但笔者可以运用大量证据证明没有其他人曾尝试以这种角度分析日本银行系统的改革是否可行。在笔者的分析中，这呈现了日本的主要失败之处，也表明了日本错失的潜在可行的改革道路。

相反的是，主流经济学家和分析者认为，日本一直以来的问题是由于日本向英美系统过渡的进展慢造成的，应该加速英美式金融自由化的过程。例如，IMF（2000）坚持认为，近期的日本主要银行大型合并（见第七章第四节）主要是为了将核心业务从低收益的企业贷款（银行贷款）迅速转向证券业务。在这种情况下，IMF 非常欢迎美国投资公司 Ripplewood 控股收购国有化的 LTCB，这是日本市场向外国竞争者开放的里程碑。"如果要持续这种趋势，就需要加强引进现代银行实践"（Kanaya 和 Woo，2000，p.34）。但是，这些基于新古典主义的评估并没有考虑到日本采用英美模式所受到的限制，尤其是金融资源的调配。笔者认为，没有考虑这些因素可以解释在工业初期投资和宏观经济方面的一些负面影响。

对于近期的日本企业和金融领域的发展，仍可以持部分乐观态度。如第七章第四节所述，日本集团企业内部及企业间的合并趋势可以视为民营企业为了克服当前金融中介危机的自发性行为。这种行为是将每个集团企业的信用风险管理集中在核心银行。即便核心银行不再有精力或风险吸收能力以担任独立的金融中介和监控者，集团内的其他核心公司也可以暗中分担调配稀缺的"风险"基金这一角色。这一点至关重要，也许能够据此创制出更加适合日本的新系统，以解决系统内的具体问题，建立起自身的优势。这一新型的金融结构不同于英美系统。主要的问题在于日本监管者和政治领导者是否仍有能力探索这些可能性，并寻求适合日本的发展路线。

致　谢

日本长期信贷银行（Long-Term Credit Bank of Japan，LTCB）的破产并不是一个简单的银行破产案例，对日本整体金融体系具有深远影响，并引起了社会的极大关注，该破产案例还反映出日本金融大衰退的典型特征。长期困扰日本长期信贷银行的各种不利因素，同样也是日本其他银行所面临的共性因素。那么，我们又如何解释日本长期信贷银行的破产呢？这也是我写这本书的主要目的所在，另外一个原因是因为银行的倒闭作为银行管理者的我也丢掉了工作。

首先，我要十分感谢 Mushtaq Khan 先生在我整个研究过程中给予的宝贵建议和帮助，我欠他一个很大的人情。在研究过程中，他不但不断鼓励我，同时还用他最真挚的学术热情和活力支持我、感染我，这无疑极大地提升了我的学术研究能力。此外，我还要感谢 Gabriel Palma 以及 Ha-Joon Chang，他们给我提供了宝贵意见和建议。

其次，我还要十分感谢日本长期信用银行的高管和同事，正是他们的鼓励和支持才使我得以完成这次研究，并开启了今后的学术生涯。我在日本长期信用银行工作期间，银行的领导和同事相处非常融洽，让我度过了一段难忘的时光。在此，特别要感谢的是 Koji Hirao、Akira Kugimachi、Masaharu Kuhara、Mike Tanji、Hiroshi Sasaki、Al Arakawa、Tetsuya Fujisaki、Kotaro Aoki、Chen H-F、Yasuyaki Matsumoto、Seiji Shintani、Masaaki Sakaguchi、Hiroyuki Miyake、Katsuhiko Fujimoto，他们都以不同形式给予了我极大的帮助，甚至这些帮助在我离开长期信用银行之后，仍然受益匪浅。

同时，还要感谢早稻田大学的西村吉正（Yoshimasa Nishimura）先生以及日本经济贸易与产业研究院的鹤光太郎（Kotaro Tsuru）先生，与他们的沟通交流，极大地激发了我的学术灵感。他们还对本书草稿的前几个章节进行了阅览，并提出了宝贵建议。

我还要感谢立命馆亚洲太平洋大学国际管理学院前院长难波正宪（Masanori Namba）先生、立命馆亚洲太平洋大学亚太学院的前院长山神进（Susumu Yamagami）先生。此外，在立命馆亚洲太平洋大学从事学术研究的六年，给了我足够的时间去展开本书的撰写研究工作。我认为，各位同事给予我的帮助、建议甚至批评都具有很大价值。所以，我还应该感谢Md. Dulal Miah、Bishnu K. Adhikary、A.S.M. Sohel Azad 以及 Manjula K. Wanniarachchige。

本书的问世还使我想起在伦敦大学东方与非洲研究院度过的时光，回想起与同事一起工作的情形，感到非常宝贵。这些同事包括 Gaku Kato、Henry Ma、Yasuyuki Matsumoto 以及 An-Yu Shih。在此，我还要感谢在伦敦期间，Yasuhiro Tsutsumiguchi、Vibhav Upadhyay 以及 Neerendra Upadhyay 对我不遗余力的帮助。

最后，我还要感谢我的妻子铃木秋子（Akiko Suzuki）女士给予的大力支持。在过去的十五年里，我们不断搬家，辗转于世界的不同地区，先后在雅加达、新加坡、霍尔本（伦敦辖区）、纽约、伦敦普特尼地区（Putney）、伦敦大理石拱门地区（Marble Arch）、金泽市（日本石川县）、东京、别府市（日本大分县）等地居住。没有她的鼓励和无私奉献，要顺利完成这项研究是难以想象的，所以谨以此书献给她，以示感激之情。

铃木康

注　释

第一章

①2005 年 10 月 1 日，三菱东京金融集团和日联控股合并而成的三菱日联金融集团成为世界上最大的银行，资产约为 1.7 万亿美元。集团中的核心银行——东京三菱和日联控股在 2006 年 1 月合并，形成三菱日联金融集团。

②法律上，将中小企业定义为实际投资资金低于 3 亿日元的制造业企业或者雇员人数少于 300 人的制造业企业，以及非法人企业（个人独资公司），其所拥有的员工低于 300 人。非制造业（如批发业）被定义为投资资金低于 1 亿日元或者雇员人数少于 100 人的中小企业。

③参阅 Yoshikawa（1999，2003）、Patrick（1998）、Saito（1998）、Takeda（2001）、Harada（1999）、Hoshi 和 Kashyap（2001）。

第二章

①我借鉴了 Aoki（1994）的定义。

②我拓展了基于 Freixas 和 Rochet（1997）一般均衡模型的研究。

③我部分借鉴了 Freixas 和 Rochet（1997，pp.272-279）的分析。

④狭义银行业是限制银行持有流动性及安全国债。贷款由其他金融中

介替代。狭义的银行通常被认为是吸收存款和偿付存款的专业银行，并被禁止借贷活动。狭义银行历史细节见 Kobayakawahe Nakamura（2000）。

⑤ "制度是社会的游戏规则，或者，更正式地，制度是人类设计的塑造人们社交行为的限制规则"（North，1990，p.3）。

⑥Cohen 和 Knetch（1992）参考了他的定义。

第三章

①经常在巴塞尔国际清算银行会面，永久性秘书处位于此（BCBS，1999d，p.3）。

②然而，《格拉斯—斯蒂格尔法案》（1999 年）废除后，允许商业银行附属公司承销先前不合格的公司股权或贷款证券的 25%收益，美国金融市场竞争加剧。无须赘言，1933 年《格拉斯—斯蒂格尔法案》加强了商业银行和投资银行的分离，使得投资银行产生承销公司股权和债券的巨大空间。在那样一个有限制的市场，投资银行过去享受投资的高收益。例如，Mester（1997）认为，1990~1993 年投资银行平均股权收益约为 17.5%，商业银行约为 11%。随着金融市场的去监管化，商业银行面临日益增长的核心业务即吸收存款和放贷的竞争。从这个角度而言，《格拉斯—斯蒂格尔法案》的废除为商业银行在新领域扩展业务提供了机会，例如，承销活动。可以肯定的是，投资银行的竞争已经加剧，同样业务领域内外国金融机构的出现又进一步加剧了竞争。

③根据 Shackle（1972）的研究，编码是一套术语或象征符号，一套运算和转换产生的实体之一，是一种有效的公式或指导法则、一种技术。它指出编码是实践的说明。

④1999 年，已经取消了对未使用信用额度承诺费用的收取限制，银团贷款在东京借贷市场出现。

⑤城市银行（Toshi Ginko）是日本国内普通银行三大类型之一（城商

行、地方性银行和地方性银行Ⅱ）。它们主要贷款给大型客户，并吸收这些客户公司的大多数存款。它们庞大的分支网络（每家银行平均超过170家）主要位于主要的城市地区（Hoshi 和 Kashyap，2001，p.131）。

⑥这个术语源自在护航队中，所有船只必须与速度最慢的船只匹配，以便所有船只都能一起到目的地。它也暗指财政部提供了护送（保护），护航体系形成的重点是载货船只能被战舰有效保护（Hoshi 和 Kashyap，2001）。为了维持金融稳定，在护航体系下（goso senda hoshiki），即便最没有效率的金融机构也得以以同样的速度成长，以保护它们免于失败（Aoki 等，1994，pp.27–30）。

⑦庞加莱是一位法国科学家和数学家，认为像三段论这样的数学推理并不是基于逻辑理解，而是一种创造性的好处，见 Poincare（1952，p.3）。

⑧很明显，日本 20 世纪早期的哲学家和知识分子，如三岛喜多郎、蒙山英朗，受到亨利·柏格森和亨利·庞加莱等法国哲学家的强烈影响。柏格森批判将世界上所有现象归根于"偶然性"的努力——一种典型的现代自然科学观点。然而，它认为创造性思考强调内部角度对于理解现实的作用，详见柏格森（1992）。柏格森强调如何实时——其本质是流动的——排除数学实验，直指算法监管方法的局限。他的观点和沙克尔"时间是对推理全能的否定"（Shackle，1972，p.27）的主张观点一致。

⑨日本企业形成集团，即所谓的"企业集团"，以董事会、交叉持股和优惠交易为特征。

⑩很明显，高信用评级公司能在国际金融市场以低成本筹集资金。根据一家以伦敦为主的投资银行（通过采访其员工）提供的数据，评级为 AAA-的日本公司的平均掉期利差被认为是相对于伦敦银行间市场提供的利率或"LIBOR"来说的。更合理的借款利差，1996 年为 –0.348%，1997年为 –0.219%。1996 年，评级为 BBB-的日本公司的平均掉期利差为 0.477%，1997 为 0.845%。同时，我们不得不承认没有对在 20 世纪 70 年

代企业集团融资的鼎盛时期，公司依赖银行筹集资金所要承担费用大小的可信赖的估计。正如 Hoshi 和 Kashyap（2001，pp.201-202）的研究，市场融资成本很可能取决于资本市场的大小和成熟度，这使测量在 20 世纪 50 年代到 70 年代，如果允许资本市场发展，而没有如此多的限制，那么市场融资到底要花费多少变得十分困难。显然，一些公司要承担被逼从银行借款的高额成本。当然，在 20 世纪 80 年代，资本市场或离岸贷款市场融资得以扩展，正如第四章第二节所述，许多大型的和利润良好的公司开始非常积极地从银行融资撤离。

⑪非生产性租金寻求指的是，对经济没有生产性贡献的那部分有利可图的行为，因为这些导致了可得的一系列商品和服务的合约进入社会实际运用。Esteban 和 Ray（2006）认为，可能受到企业利润主的影响，美国是许可该行为的温床。相应地，企业利润策动许多游说专家来影响监管安排和实施。根据他们的观点，美国各个州又有不一样的职业许可制度。例如，在新泽西州，有 41 个不同的委员会监管不同的职业活动。金融部门也一样，作为美国储蓄贷款危机的肇始元凶之一，Stiglitz（1994）指出，为了救助崩溃的储蓄贷款危机，里根政府的确在 20 世纪 80 年代早期放松了监管，允许那些愿意为复兴赌注之人朝着想法去做。

第四章

①Schaberg（1998）用这一术语描述国内银行借贷作为资金来源重要性的下降。

②海外制造业分公司销售额与日本子制造企业销售额（包括那些没有海外分支机构的公司）的比率。

③这个术语是基于 Freixas 和 Rocher（1997，pp.1-2）的研究。

④标普金融服务公司并不保证精确性、完整性、及时性或任何信息的可得性，包括评级，并且不对任何错误或者遗漏（忽略或其他）负责，不

管使用评级的原因或者从而导致的结果。标普没有明示或默示保证，包括（但不限于）关于适销性和适合某一特定用途的保证。标普对任何与使用评级相关的一切免责，不承担任何直接、间接、偶然、示范性、补偿性、惩罚性、特殊性或损害后果、成本、费用、法律、手续费或损失。标普评级是观点的表述，而非事实或推荐购买、持有或售卖证券。它们并不陈述证券的市场价值或者证券与投资目的的适合性，并不依赖其作为投资建议。

⑤FFA 是一套完整的金融统计，表明资金在经济实体间如企业、家庭和政府的流向，以及它们之间的债权和债务关系。1999 年 7 月，日本央行40 年来第一次对 FFA 做了根本性修订，公布了新数据。在 2000 年 3 月发布了补充修订的过去 10 年的数据（BOJ，2000，引言）。

⑥未偿金融债务是 393 万亿日元。因此，家庭部门是净债权人，未被偿付的净资产为 997 万亿日元（BOJ，2000，p.4）

⑦在 FFA 中，非银行金融机构被定义为私营金融机构，通过除存款、类存款工具和如贷款一样的基金投资，包括结构性融资工具的购买外的方式融资。

⑧未偿还股票和其他股权的高价值反映了股票价格的上涨。1999 年财年未偿还股票和其他股权的增长率非常高，同比增长率为 41.6%（BOJ，2000）。

⑨最保守估计，根据损失率的历史趋势和估计当前损失率约85%，保守假设的真正损失率为90%，这样估计潜在损失约为 58.5 万亿日元。未被发现的损失以主银行的累积规定和冲销之间的差距计算，大约为 52.3 万亿日元（IMF，2000，p.196）。

第五章

①部分大事记参考 Tett（2003）。

②LTCB 破产并在 1998 年 10 月进行临时国有化。

③直到 1989 年利率掉期交易的详细收入分类和相关成本才制定出来。1993 年之后，LTCB 才从利率掉期交易中获取了大量收益。也就是说，直到 1992 年利率掉期交易的收益都非常少。

第六章

①见第四章获取详细信息。

②2008 年夏季，美国主要投资银行雷曼兄弟的倒闭引发了全球经济危机，导致全球经济下滑，也导致日本经济的急剧恶化。

③资本在 1000 万~1 亿日元的公司和少于 1000 万日元的公司，其经常收益和销售比在 2002 年以来的经济复苏进程中在缓慢改善。尽管如此，该比例与资本超过 1 亿日元的公司之间的差距却仍在不断加大（SMEA，2008）。资本少于 1000 万日元的小公司的利润率增长尤其缓慢；小公司与资本超 1 亿日元的大公司之间的经常收益与销售比，在 1992~2001 年的 10 个财政年间，平均差距达到了 2.1 倍，这一数据在 2002~2006 年扩大到了 3.6 倍。在 2006 财政年，差距扩大到了 4.3 倍，是过去 30 年间的最高水准。

④Shinginko 的意思是"新银行"。

⑤来源于 2006 年 8 月 23 日对于一个高管的采访。

⑥根据 SGT 的内容，其不良贷款最终分大块出售给贷款服务机构。

第七章

①根据日本放送协会（NHK）对铃木恒雄的采访，在"过渡银行"向国有化发展的阶段，最后一任银行行长任职的时间是 2005 年 5 月。

②上原隆史，LTCB 前执行副行长，于 1999 年 2 月自杀。根据《每日新闻》的报道，1998 年，上原因对银行的结算弄虚作假而被检察官召唤询问。报道称，上原曾在 1998 年 3 月管理银行的往来账户，在 LTCB 承受巨大损失的情况下，批准的非法分红高达 71 亿日元。但是，因为上原自 20

世纪 80 年代后期起，一直负责国际业务，包括曾任职纽约分行的总经理，因此他并不对国内房地产及建筑行业不良贷款的累积负主要责任，这些才是真正损害银行借贷组合的原因。上原一直负责高级管理工作，包括就 LTCB 的存续与潜在的"白骑士"及监管者进行谈判。许多 LTCB 的前员工都知道他一直努力到最后。很难理解为什么他最后要自杀。但是，肯定有原因导致他最终失去了对监管者的信任。

③三菱 UFJ 金融集团或 MUFG 于 2005 年 10 月 1 日合并了三菱东京金融集团和 UFJ 控股公司。

④东京地方法院于 2002 年判定他们有罪，东京高级法院支持了地方法院的判决，于 2005 年拒绝了上诉请求。但是，在 2008 年 7 月 18 日，最高级法院推翻了下级法院的判决，宣判所有被告无罪。根据《日经周刊》2008 年 7 月 28 日的报道，最高法院裁定，未遵循国家部门相关指南并不等同于违反了《证券交易法》。在当时，指南缺乏一定的权威性。

参考文献

Alchian, A. and Demsetz, H. (1972) "Production, Information Costs, and Economic Organization", reprinted in L. Putterman (ed.), *The Economic Nature of the Firm: A Reader*, Cambridge: Cambridge University Press, pp. 193–216.

Antoniewicz, R.L. (2000) "A Comparison of the Household Sector from the Flow of Funds Accounts and the Survey of Consumer Finances", http://www.federalreserve.gov/pubs/.

Aoki, M. (1994) "Monitoring Characteristics of the Main Bank System: An Analytical and Developmental View", in M. Aoki and H. Patrick (eds), *The Japanese Main Bank System*, New York: Oxford University Press.

Aoki, M. (2001) *Toward a Comparative Institutional Analysis*, Cambridge, MA: MIT Press.

Aoki, M., Patrick, H. and Sheard, P. (1994) "Introduction", "The Japanese Main Bank System: An Introductory Overview", in M. Aoki and H. Patrick, *The Japanese Main Bank System*, Oxford: Oxford University Press.

Arrow, K.J. (1974) *The Limits of Organization*, New York: W.W. Norton.

BCBS (Basle Committee on Banking Supervision) (1999a) "Credit Risk

Modelling: Current Practices and Applications", Basel Committee's Models Task Force, http: //www.bis.org/.

BCBS (1999b) "A New Capital Adequacy Framework", Basel Committee's Models Task Force.

BCBS (2006) *International Convergence of Capital Measurement and Capital Standards: A Revised Framework Comprehensive Version*, *Basel Committee on Banking Supervision*, June 2006, Basel: Bank for International Settlements.

Bergson, H. (1992) *The Creative Mind*, *An Introduction to Metaphysics*, translated by M.L. Andison, New York: Citadel Press.

Bikhchandani, S. and Sharma, S. (2000) "Herd Behavior in Financial Markets: A Review", *IMF Working Paper*, WP/00/48, IMF Institute.

BOJ (Bank of Japan) (1960) *Hompo Keizai Tokei* (National Economic Statistics), Tokyo: BOJ.

BOJ (1970) *Keizai Tokei Nempo* (Annual Economic Statistics), Tokyo: Bank of Japan.

BOJ (1975) *Keizai Tokei Nempo* (Annual Economic Statistics), Tokyo: Bank of Japan.

BOJ (1980) *Keizai Tokei Nempo* (Annual Economic Statistics), Tokyo: Bank of Japan.

BOJ (2000) "Japan's Financial Structure in View of the Flow of Funds Accounts, Research and Statistic Department", Working Paper, Bank of Japan.

BOJ (2001a) "Zenkoku Ginko no Heisei 12 nendo Kessan to Keiei Jyo no Kadai", Working Paper, Bank of Japan.

BOJ (2001b) "Insights into the Low Profitability of Japanese Banks: Some Lessons from the Analysis of Trends in Banks' Margin", *Discussion Paper* No.

01-E-1, Tokyo: Bank of Japan.

BOJ (2004) *Zenkoku Ginko no Kessan Jyokyo*, Tokyo: Bank of Japan.

BOJ Time Series data.

Boot, A.W.A. and Greenbaum, S. (1993) "Bank Regulation, Reputation and Rents: Theory and Policy Implications", in C. Mayer and V. Xavier (eds), *Capital Markets and Financial Intermediation*, Cambridge: Cambridge University Press.

Cabinet Office (2001) *Heisei 13 nendo -ban*, *Keizai Zaisei Hakusho* (Annual Report on Japan's Economy and Public Finance 2000-2001), Tokyo: Government of Japan.

Cabinet Office (2002) *Heisei 14 nendo -ban*, *Keizai Zaisei Hakusho* (Annual Report on Japan's Economy and Public Finance 2001-2002), Tokyo: Government of Japan.

Cabinet Office (2003) *Heisei 15 nendo -ban*, *Keizai Zaisei Hakusho* (Annual Report on Japan's Economy and Public Finance 2002-2003), Government of Japan.

Cabinet Office (2004) *Heisei 16 nendo -ban*, *Keizai Zaisei Hakusho* (Annual Report on Japan's Economy and Public Finance 2003-2004), Tokyo: Government of Japan.

Cabinet Office (2008) *Heisei 20 nendo -ban*, *Keizai Zaisei Hakusho* (Annual Report on Japan's Economy and Public Finance 2007-2008), Tokyo: Government of Japan.

Cabinet Office (2009) *Heisei 21 nendo -ban*, *Keizai Zaisei Hakusho* (Annual Report on Japan's Economy and Public Finance 2008-2009), Tokyo: Government of Japan.

Cabinet Office Statistics. Accessed online at http://www5.cao.go.jp/keizai/

index-e.html.

Campbell, T., Chan, Y.-K. and Marino, A. (1992) "An Incentive-Based Theory of Bank Regulation", *Journal of Financial Intermediation*, Vol. 2, pp. 255-276.

Chan-Lau, J.A. (2001) "Corporate Restructuring in Japan: An Event-Study Analysis", *IMF Working Paper*, WP/01/202.

Chang, H-J. (2000) "The Hazard of Moral Hazard: Untangling the Asian Crisis", *World Development*, Vol. 28, No.4, pp. 775-788.

Cohen, D. and Knetsch, J.L. (1992) "Judicial Choice and Disparities between Measures of Economic Values", in D. Kahneman and A. Tversky (eds), *Choices, Values, and Frames*, Cambridge: Cambridge University Press.

Cornford, A. (2001) "The Basel Committee's Proposals for Revised Capital Standards: Mark 2 and the State of Play", *Discussion Papers*, No. 156, UNCTAD.

Davis, E.P. (1995) *Debt Financial Fragility and Systemic Risk*, Oxford: Clarendon Press.

Diamond, D.W. (1984) "Financial Intermediation and Delegated Monitoring", *Review of Economic Studies*, Vol. 51, pp. 393-414.

Dore, R. (1998) "Asian Crisis and the Future of the Japanese Model", *Cambridge Journal of Economics*, Vol. 22, pp. 773-787.

Dore, R. (2000) *Stock Market Capitalism: Welfare Capitalism, Japan and Germany versus the Anglo-Saxons*, Oxford: Oxford University Press.

Dymski, G. (1993) "Keynesian Uncertainty and Asymmetric Information: Complementary or Contradictory", *Journal of Post Keynesian Economics*, Fall 1993, Vol. 16, No. 1, pp. 49-54.

Dymski, G. (1999) *The Bank Merger Wave: The Economic Causes and*

Social Consequence of Financial Consolidation, Armonk, NY: M.E. Sharpe, Inc.

Eichengreen, B. (1999) *Toward a New International Financial Architecture, A Practical Post-Asia Agenda*, Washington, DC: Institute for International Economics.

Ellsberg, D. (1961) "Risk, Ambiguity, and the Savage Axioms", reprinted in P.K. Moser, *Rationality in Action: Contemporary Approaches*, Cambridge: Cambridge University Press.

Elster, J. (2000) *Ulysses Unbound: Studies in Rationality, Precommitment, and Constraints*, Cambridge: Cambridge University Press.

EPA (Economic Planning Agency) (1999) *Heisei 12 Nendo Keizai Hakusho*, Tokyo: Government of Japan.

ESRI (Economic and Social Research Institute) (2008) *Statistics*, Tokyo: Cabinet Office, Government of Japan.

Esteban, J. and Ray, D. (2006) "Inequality, Lobbying and Resource Allocation", *American Economic Review*, Vol. 96, No. 1, pp. 257–279.

Federal Reserve statistical release, various. Accessed online at http://www.federalreserve.gov/econresdata/releases/statisticsdata.htm.

FISC (Financial Information System Centre) (1999) *Risk Kanri Model ni kansuru Kenkyu-kai Hokoku-sho*, FISC.

Fujii, Y. (2000) *Todori tachi no ketsudan*, Tokyo: Nihon Keizai Shimbun-Sha.

Fukuyama, F. (1995) *Trust: The Social Virtues and the Creation of Prosperity*, New York: Free Press.

Freixas, X. and Rochet, J.-C. (1997) *Microeconomics of Banking*, Cambridge, MA: The MIT Press.

FSA (Financial Services Agency) (2004) "Program for Further Financial Reform –Japan's Challenge: Moving Toward a Financial Services Nation", December.

FSA (2010) "Status of Non−perming Loans−released on 5 February 2010", accessed on 30 June 2010 from http: //www.fsa.go.jp/en/regulated/npl/20100205. html.

Gerschenkron, A. (1962) *Economic Backwardness in Historical Perspective*, Cambridge, MA: Harvard University Press.

Hall, M.J.B. (1998) *Financial Reform in Japan: Causes and Consequences*, Cheltenham: Edward Elgar.

Hamazaki, M. and Horiuchi, A. (2001) "Can the Financial Restraint Hypothesis Explain Japan's Postwar Experience?", NBER/CIRJE/CEPRJapan Project Meeting, September.

Hanajiri, T. (1999) "Three Japan Premiums in Autumn 1997 and Autumn 1998", *Research Paper*, Bank of Japan.

Harada, Y. (1999) *Nihon no Ushinawareta 10 nenn*, Tokyo: Nihon Keizai Shimbun Sha.

Hargreaves Heap, S. (1992) "Rationality", in S. Hargreaves Heap, M. Hollis, B. Lyons, R. Sugden and A. Weale, *The Theory of Choice: A Critical Guide*, Oxford: Blackwell.

Hellmann, T., Murdock, K., and Stiglitz, J. (1997) "Financial Restraint: Toward a New Paradigm", in M. Aoki, H.−K. Kim and M. Okuno−Fujiwara (eds), *The Role of Government in East Asian Economic Development: Comparative Institutional Analysis*. Oxford: Clarendon Press.

Hellmann, T., Murdock, K., and Stiglitz, J. (2000) "Liberalization, Moral Hazard in Banking, and Prudential Regulation: Are Capital Require−

ments Enough?", *American Economic Review*, Vol. 90, No. 1, pp. 147–165.

Hoshi, T. and Kashyap, A. (2001) *Corporate Financing and Governance in Japan: The Road to the Future*, Cambridge, MA: The MIT Press.

Ikeo, K. (2006) *Kaihatsu Shugi no Boso to Hosin*, Tokyo: NTT Shuppan.

Iwata, K. (2001) *Defure no keizai-gaku*, Tokyo: Toyo Keizai Shimposha.

IMF (International Monetary Fund) (2000) "Progress in Financial and Corporate Restructuring in Japan", *The 1999 International Capital Markets Report*. IMF Publication.

Japan Statistical Year Book 2010. Accessed online at http://www.stat.go.jp/english/data/nenkan/index.htm.

Kahane, Y. (1977) "Capital Adequacy and the Regulation of Financial Intermediation", *Journal of Banking and Finance*, Vol. 1, pp. 207–218.

Kanaya, A. and Woo, D. (2000) "The Japanese Banking Crisis of the 1990s: Sources and Lessons", *IMF Working Paper*, WP/00/7.

Keynes, J.M. (1936) *The General Theory of Employment, Interest and Money*, Vol. 7, Cambridge: Macmillan, Cambridge University Press.

Keynes, J.M. (1937) "The General Theory of Employment", *Quarterly Journal of Economics*, Vol. 51, pp. 209–223.

Keynes, J.M. (1963) *Essays in Persuasion*, New York: W.W. Norton.

Khan, M. (1995) "State Failure in Weak State: A Critique of New Institutionalist Explanations", in J. Hunter, J. Harriss and C. Lewis (eds), *The New Institutional Economics and Third World Development*, London: Routledge.

Khan, M. (1999) "Financial Institutions", "Collective Actions", "Transaction Costs and Firm Theory", *Political Economy of Institutions*, *MSc Lecture Notes 1999*. SOAS, University of London.

Khan, M. (2000a) "Rents, Efficiency and Growth", in M. Khan and K. S. Jomo, *Rents*, *Rent-Seeking and Economic Development*. Cambridge: Cambridge University Press.

Khan, M. (2000b) "Rent-Seeking as Process", in M. Khan and K.S. Jomo, *Rents*, *Rent-Seeking and Economic Development*. Cambridge: Cambridge University Press.

Kim, D. and Santomero, A. (1988) "Risk in Banking and Capital Regulation", *Journal of Finance*, Vol. 43, pp. 1219-1233.

Kindleberger, C. (2000) *Manias*, *Panics and Crashes*, 4th edition, London and Basingstoke: Macmillan.

Knight, F. (1921) "From Risk, Uncertainty and Profit", in L. Putterman (eds), *The Economic Nature of the Firm*, *A Reader*, 2nd edition, Cambridge: Cambridge University Press.

Knight, J. (1992) *Institutions and Social Conflict*, Cambridge: Cambridge University Press.

Kobayakawa, S. and Nakamura, H. (2000) "A Theoretical Analysis of Narrow Banking Proposals", *Monetary and Economic Studies*, Vol. 18, pp. 105-118.

Koehn, M. and Santomero, A. (1980) "Regulation of Bank Capital and Portfolio Risk", *Journal of Finance*, Vol. 35, No. 5, pp. 1235-1244.

Koppl, R. (2002) *Big Players and the Economic Theory of Expectations*, Basingstoke: Palgrave Macmillan.

Krol, R., and Svorny, S. (1996) "The Effects of the Bank Regulatory Environment of State Economic Activity", *Regional Sceince and Urban Eco-*

nomics, Vol. 26, pp. 531-541.

Meltzer, A.H. (1982) "Rational Expectations, Risk, Uncertainty, and Market Responses", in P. Wachtel (ed.), *Crisis in the Economic and Financial Structure*, Series on Financial Institutions and Markets, Lexington: Salmon Bros.

Mester, L.J. (1997) "Repealing Glass-Steagall: The Past Points the Way to the Future", *Business Review- Federal Reserve Banks of Philadelphia* (July/August).

METI (Ministry of Economy, Trade and Industry) (2000) *Kaigai Jigyou Katsudou Kihon Chosa Gaiyo*, Tokyo: Government of Japan.

METI (2003) *Kaigai Jigyou Katsudou Kihon Chosa Gaiyo*, Tokyo: Government of Japan.

METI (2005) *Heisei 15 nen Kogyo Tokei Hyo* (Industrial Statistics in 2003), Tokyo: Government of Japan.

Minsky, H.P. (1975) *John Maynard Keynes*, New York: Columbia University Press.

Minsky, H.P. (1977) "A Theory of Systemic Fragility", in E.I. Altman and A.W. Sametz (eds), *Financial Crises; Institutions and Markets*, New York: Wiley.

Minsky, H.P. (1984) *Can "It" Happen Again?*, Armonk, NY: M.E. Sharpe, Inc.

Miyoda, M. (1994) *Revival of US Banks -Merchant Bank, Investment Bank, Money-center bank, Super-regional bank*, Tokyo: Nihon Keizai Shimbun Sha.

Nagahama, T. (2002) "Sangyo Kozo Henka, Kibo no Henka nado no Gaikan", *Financial Review*, June. Ministry of Finance, Policy Research Institute.

Nishida, K. (1958) *Intelligibility and the Philosophy of Nothingness*, translated and introduced by Robert Schinzinger, Tokyo: Maruzen.

Nishimura, Y. (1999) *Kinyu-Gyosei no Haiin*, Tokyo: Bunshun.

North, D.C. (1981) *Structure and Change of Economic History*, New York: W.W. Norton.

North, D.C. (1990) *Institutions, Institutional Change and Economic Performance*, Cambridge: Cambridge University Press.

North, D.C. (2005) *Understanding the Process of Economic Change*, Princeton, NJ: Princeton University Press.

Ohno, K. and Nakazato, D. (2004) *Kinyuu Gijyutsu Kakumei Imada Narazu*, Tokyo: Kinzai.

Okazaki, T. (1995) "Sengo nihon no kinyu shisutemu", in H. Morikawa and S. Yonekura, *Nihon Keiei-shi 5*, Tokyo: Iwanami.

Okuno-Fujiwara, M. (1997) "Toward a Comparative Institutional Analysis of the Government-Business Relationship", in M. Aoki, H.-K. Kim and M. Okuno-Fujiwara (eds), *The Role of Government in East Asian Economic Development: Comparative institutional Analysis*, Oxford: Clarendon Press.

Okuno-Fujiwara, M. (2002) "Baburu Keizai to Sono Hatan Shori", in M. Okuno-Fujiwara (eds), *Heisei Baburu no Kenkyu (Jyou)*, Tokyo: Toyo Keizai Shimpo Sha.

Osugi, K. (1990) "Japan's Experience of Financial Deregulation Since 1984 in an International Perspective", *BIS Economic Paper*, No. 26, January, Basel: Bank for International Settlements.

Patrick, H. (1998) "The Causes of Japan's Financial Crisis", prepared for Conference on Financial Reform in Japan and Australia, The Australia National University.

Poincaré, H. (1952) *Science and Hypothesis*, New York: Dover Publications.

Rodrik, D. (1997) *Has Globalization Gone Too Far?*, Washington, DC: Institute for International Economics.

Saito, S. (1998) *10 nen Defure*, Tokyo: Nihon Keizai Shimbun Sha.

Satyanath, S. (1999) "Accommodating Imprudence: The Political Economy of Information in the Asian Banking Crisis", unpublished manuscript, Department of Political Science, Columbia University.

Schaberg, M. (1998) "Globalization and Financial Systems: Policies for the New Environment", in D. Baker (eds), *Globalization and Progressive Economic Policy*, Cambridge: Cambridge University Press.

Shackle, G.L.S. (1957) "Expectation in Economics", in C.F. Carter, G. P. Meredith and G.L.S. Shackle (eds), *Uncertainty and Business Decisions*, Liverpool: Liverpool University Press.

Shackle, G.L.S. (1972) *Epistemics & Economics: A Critique of Economic Doctrines*, Cambridge: Cambridge University Press.

Simon, H.A. (1983) "Alternative Visions of Rationality", in P.K. Moser, *Rationality in Action: Contemporary Approaches*, Cambridge: Cambridge University Press.

Simon, H.A. (1996) *The Sciences of the Artificial*, 3rd edition, Cambridge, MA: MIT Press.

SMEA (Small and Medium Enterprise Agency)(2004) *2004 Nendo Chusho Kigyo Hakusho* (White Paper).

SMEA (2005) *2005 Nendo Chusho Kigyo Hakusho* (White Paper).

SMEA (2006) *2006 Nendo Chusho Kigyo Hakusho* (White Paper).

SMEA (2008) *2008 Nendo Chusho Kigyo Hakusho* (White Paper).

SMEA (2009) *2009 White Paper on Small and Medium Enterprises in Japan* (translated by Japan Small Business Research Institute).

SMEA (2010) *2010 Nendo Chusho Kigyo Hakusho* (White Paper).

Standard & Poor's (2009) "2009 Annual Asian Corporate Default Study And Rating Transitions", [online], available: http://www2.standardandpoors.com/spf/csv/equity/2009 Annual_Asian_Corporate_Default_Study_And Rating_Transitions.pdf (accessed 26 May 2010).

Stiglitz, J. (1988) "Why Financial Structure Matters", *Journal of Economic Perspectives*, Vol. 2, No. 4, pp. 121-126.

Stiglitz, J. (1994) *Whither Socialism?*, Cambridge, MA: The MIT Press.

Stiglitz, J. and Greenwald, B. (2003) *Towards a New Paradigm in Monetary Economics*, Cambridge: Cambridge University Press.

Stiglitz, J. and Weiss, A. (1981) "Credit Rationing in Markets with Imperfect Information", *American Economic Review*, Vol. 71, No. 3, pp. 393-410.

Stiglitz, J. and Weiss, A. (1992) "Asymmetric Information in Credit Markets and Its Implications for Macro-Economics", *Oxford Economic Papers*, New Series, Vol. 44, No. 4, Special Issue on Financial Markets, Institutions and Policy, pp. 694-724.

Suzuki, Y. (2002) "The Crisis of Financial Intermediation; Understanding Japan's Lingering Economic Stagnation", in N. Sabri, *International Financial Systems and Stock Volatility: Issues and Remedies*, *International Review of Comparative Public Policy*, Vol. 13, pp. 213-243.

Suzuki, Y. (2005) "Uncertainty, Financial Fragility and Monitoring: Will the Basel-type Pragmatism Resolve the Japanese Banking Crisis?", *Re-*

view of Political Economy, Vol. 17, No. 1, pp. 45–61.

Takeda, S. (2001) *Shinyo to shinrai no keizai gaku*, Tokyo: NHK Books.

Tanaka, T. (2002) *Contemporary Japanese Economy (Gendai Nihon Keizai)*, Tokyo: Nihon Hyoron Sha.

Tett, G. (2003) *Saving the Sun*, New York: Harper Business.

TMG (Tokyo Metropolitan Government) (2004) *Master Plan for New Bank*, Tokyo: Tokyo Metropolitan Government.

Toshida. S. (2001) *Nihon Keizai no Shokudai*, Tokyo: Diamond.

Toya, T. (2003) *Kinyuu Big Bang no Seiji Keizai Gaku* (The Political Economy of the Japanese Financial Big Bang), Tokyo: Toyo Keizai Shimpou-Sha.

Tsuru, K. (2006) *Nihon no Keizai Shisutemu Kaikaku*, Tokyo: Nihon Keizai Shimbun Sha.

Uriu, R. (1999) "Japan in 1998: Nowhere to Go But Up?", *Asian Survey*, Vol. 39, No. 1, pp. 114–124.

Wade, R. and Veneroso, F. (1998) "The Asian Crisis: The High Debt Model Versus the Wall Street –Treasury –IMF Complex", *Current History*, November.

Weale, A. (1992) "Homo Economicus, Homo Sociologicus", in S. Hargreaves Heap, M. Hollis, B. Lyons, R. Sugden and A. Weale (eds), *The Theory of Choice: A Critical Guide*, Oxford: Blackwell, pp. 62–72.

White, L.J. (2002) "Bank Regulation in the United States: Understanding the Lessons of the 1980s and 1990s", *Japan and the World Economy*, Vol. 24, 137–154.

Williamson, O.E. (1985) *The Economic Institutions of Capitalism*, New

York: The Free Press.

Yokoi, S. (1985) *Project Finance*, New York: Yuhikaku Business.

Yoshikawa, H. (1999) *Tenkanki no Nihon Keizai*, Tokyo: Iwanami.

Yoshikawa, H. (2003) *Kozo Kaikaku to Nihon Keizai*, Tokyo: Iwanami.